LAÇOS E NÓS
A Construção de um Relacionamento de Alta Qualidade

CARLOS MESSA

São Paulo
2015

Editor: Fabio Humberg
Editora assistente: Cristina Bragato
Capa: Osires
Revisão: Humberto Grenes

Dados Internacionais de Catalogação na Publicação (CIP)
(Câmara Brasileira do Livro, SP, Brasil)

Messa, Carlos
  Laços e nós : a construção de um relacionamento de alta qualidade / Carlos Messa. -- São Paulo : Editora CLA, 2015.

  ISBN 978-85-85454-62-3

  1. Amor 2. Casais 3. Casamento 4. Relações interpessoais I. Título.

15-04523   CDD-158.24

Índices para catálogo sistemático:
1. Casais : Relações interpessoais : Psicologia aplicada 158.24

Grafia atualizada segundo o Acordo Ortográfico da Língua Portuguesa de 1990, que entrou em vigor no Brasil em 1º de janeiro de 2009.

Editora CLA Cultural Ltda.
Tel: (11) 3766-9015
e-mail: editoracla@editoracla.com.br / www.editoracla.com.br

Índice

Introdução 5

I – COMO E PORQUÊ DA RELAÇÃO A DOIS

Primeiro Voo 11
Dois é Bom? 14
Pertinens – Amor? 19
As Necessidades de Cada Gênero 22
Para que Aconteça o Encontro, a Paixão 28
Fusão e União 31
Casamentos São Feitos no Céu 33
O Casamento que Conhecemos 35
Hoje: Casar ou Morar Juntos? 39
Se é Assim, o que Fazer? 43

II – EVITANDO ERROS GRAVES

Aprender a Amar 49
Meus "Fantasmas" 52
Sexo 55
Quem Começou? 58
Jogos 61
Família: Amor e Ódio 66
Ciúme ou Inveja? 71
Não Tenho Sangue de Barata! 73
Nossos Quintais 76
O Medo de se Entregar 78
Individualidade e Individualismo 80

III – AFASTAMENTO

No Afastamento, a Decepção 85
Por que Terminou? 87
E os Filhos? 91
O Beco Sem Saída 93
Confiar: Não Tem Preço 95
O Amor Acaba ou Não? 98
Meu Mundo 101

IV – CONSTRUINDO UMA RELAÇÃO DE ALTA QUALIDADE

Só Vale a Pena se for BOM! 107
Conhecer e Crer que é Possível 108
Casar: Uma Nova Identidade 111
Intimidade 117
Amor Romântico é Ilusão? 122
Sentir-se Amado(a) 126
Construindo uma Nova Família 128
Contato Emocional 132
Mãos Dadas 137
Compromisso 138
Comportar-se Expressando o Amor 141
Cuidado, Atenção, Respeito 145
Construindo Laços sem Nós 149

Outras Obras do Autor 159

Introdução

Eu conversava com um casal e perguntei:

— O que vocês esperam desse relacionamento? Que nível de qualidade da relação vocês desejam?

Não responderam. Ficaram me olhando como se não me vissem. Pareciam paralisados e então continuei:

— Qual é a mais alta qualidade de relacionamento para vocês? Como é o relacionamento de qualidade muito alta?

Continuaram perplexos mais algum tempo até que o jovem falou:

— Você parece que está falando como se existisse 'um mar de rosas'.

Eu respondi:

— Sim, como é o 'mar de rosas' para você?

Então veio a fala mais assustadora e que justificou meu interesse em escrever este livro:

— Nunca pensei em 'um mar de rosas'; nunca pensei seriamente em algo 'muito' bom como 'um mar de rosas'!

Sei que, como todas as pessoas, você acredita que as coisas são "assim mesmo". Nesse "assim mesmo" há um desalento e uma desesperança; a crença de que o bom é inatingível. Não é.

Quando pergunto "Por que vocês se casaram?", a resposta é sempre uma *consequência*: "Porque nos amávamos"; "Porque namorávamos há 6 anos." O casamento é sempre uma *consequência* e não um *propósito*. Ninguém diz: "Nos casamos para continuarmos sendo felizes ou para sermos mais felizes do que já éramos".

Quando induzo um propósito perguntando "O que vocês queriam do casamento?", respondem: "Uma família, filhos". Ninguém parece ter o *propósito* de ser feliz. Sim, se perguntado, todos respondem que querem, sim, ser felizes. Querer, esperar, é diferente de ter um propósito e agir nessa direção.

Não investimos na felicidade em um relacionamento e "esperamos" que ele seja feliz, por isso mais de 80% dos casamentos não são felizes. Uma parte é claramente infeliz, áspera, ácida, dolorida. Uma grande parte é insossa, burocrática, conformada. Uma pequena parte é divertida, saborosa, amorosa.

Não aprendemos sobre relacionamento na escola a não ser por "ensaio e erro". Investimos anos em educação para ter um bom trabalho. Por que não investimos em nossa relação afetivo-sexual que, supomos, deve ser duradoura?

Na primeira parte deste livro descrevo o porquê de casarmos, como é a natureza humana e o que nos impulsiona. Depois apresento algumas armadilhas que nos levam ao abismo. Finalmente, espero que você esteja pronto(a) para definir que qualidade de relacionamento você quer para você.

Não te peço para acreditar no que vai ler. Peço apenas que você veja com olhos livres. Peço para deixar de lado os óculos que vamos construindo em toda nossa formação e, por usá-los há muito tempo, nem sequer percebemos que as cores que vemos são apenas as cores das lentes, não das coisas para as quais olhamos.

Te convido a olhar com atenção e, se quiser, ensaiar um

pequeno passo, seguro, em um novo caminho que te parecer melhor. Depois, se for bom, dar passos maiores, mais rápidos.

Pode existir um amor que não seja romântico? Pode existir um amor racional? Um amor objetivo? Podemos amar mais de uma pessoa? Casamento deve ser objetivo? E o amor "pegajoso"? Pode existir amor se não houver desprendimento e um toque de ingenuidade? Amor é um sentimento, uma emoção?

Meu convite é: vamos olhar tudo isso com mais profundidade?

Não se deixe convencer, mas ouse experimentar.

A melhoria da qualidade do relacionamento dos casais é o objetivo deste livro, assim como a saúde emocional de seus descendentes.

Aproveite a leitura!

I
COMO E PORQUÊ DA RELAÇÃO A DOIS

Primeiro Voo

Imagine um dia de primavera. Milhares de insetos levantam voo. Em grandes nuvens iniciam sua jornada e depois se espalham pelo céu.

De perto podemos identificar alguns insetos que logo esmorecem, descem, perdem as asas.

Parte deles, com seus pares, começam de imediato a cavar, buscar folhas, construir um lar. Alguns buscam um lugar macio, seguro, e começam a comer. Cupins fixam-se em madeiras tenras e permanecem ali até que se esgote seu alimento, o conforto ou a segurança. Consomem seu próprio abrigo.

Entre nós, também, alguns não aprenderam a somar, a multiplicar, a compartilhar, a construir, a *fazer acontecer* o que desejam. Quando acaba o que os nutre, queixam-se e se lamentam, pois não acham "justo" não receberem o que imaginaram.

Algumas pessoas, em determinado momento da vida, ganham asas... e voam. Depois de algum tempo, após percorrerem uma certa distância, pousam.

Como na revoada dos insetos, a paixão nos eleva, nos faz alçar voos deliciosos. É a forma que nossa natureza encontrou para nos levar ao encontro de um par; do "outro", o semelhante que nos completa. De forma intensa e efêmera, ela cumpre sua missão e nos entrega a tarefa seguinte: procriar. Muitos de nós não aprendem com essa experiência e não mantêm a relação tão saborosa quanto aquela que a natureza nos ofereceu (e nos mostrou como poderia ser) por algum tempo.

A paixão é cega, sabemos, e mais à frente você pode ver por que é assim e talvez concorde que é bom que seja assim. O amor, no entanto, pode ser cego, às vezes é surdo, mas precisa, necessariamente, ser lúcido. Não pode ser burro!

Muitos de nós acreditam que nosso relacionamento afetivo deve ser cego, surdo e mudo (ou mesmo burro), ao pensar que o amor é o bastante para fazer com que o relacionamento seja feliz; não é!

A paixão, sim, basta para nos fazer enxergar tudo colorido e para vermos coisas inexistentes. A paixão, sim, é cega e burra (e necessária), mas não é perene. Ela é o veículo que nos permite acessar nosso mundo emocional e nos carrega até o amor. Depois que ela cumpre sua missão e se esvai, cabe a nós a (difícil) tarefa de construir um relacionamento rico, intenso, saboroso e nutriente: amoroso.

Por ingenuidade, muitas vezes não é assim que fazemos. Nossa tendência é acreditar que o "amor" (na verdade, a paixão) é suficiente para construir o relacionamento com essas qualidades. Podemos pensar que o amor é aquilo que sentimos durante a paixão. Confundimos frequentemente o amor com a paixão. Quando nos desencantamos por não termos obtido um relacionamento amoroso, saímos em busca de uma nova paixão para, pouco tempo depois, nos encontrarmos no ponto de partida ou no mesmo beco sem saída (ao menos enxergamos assim: sem saída).

Precisamos descobrir que o relacionamento afetivo é uma grande mudança e não apenas uma viagem a um país desconhecido e completamente estranho. Não devemos voltar dessa viagem.

A paixão, excitante, nos transporta até esse novo estágio e, ao sermos deixados por ela, temos a oportunidade de começar o melhor: renovar a nossa forma de ver o que é externo a nós, aprender a lidar com o desconhecido, entender e aceitar o outro, adaptar nossa visão, nossas crenças, nossos hábitos, ao que foi até agora o "outro", e vivenciá-lo como parte de nós, de nossa vida; e curtir, aproveitar, saborear um comportamento amoroso.

Dois é Bom?

Dizemos que "um é pouco, dois é bom e três é demais". **Um é pouco** porque é "o outro" que nos confere existência. É por ele que existimos, seja ele quem for: um vizinho, um inimigo, um chefe detestado ou a pessoa amada. É "o outro" que motiva nossa existência; alimenta nossa ação pela vida. Sem o "outro" não visualizamos o amanhã. Ele é o espelho que, ao refletir a nossa imagem, nos dá a certeza de que existimos. Basta imaginar-se sozinho no mundo para perceber a desesperança e a inutilidade de praticamente todas as nossas ações.

Sim, vez ou outra odiamos a pessoa "amada" e queremos liberdade – "um tempo", "espaço", ficar sozinhos, mas tudo isso em relação a determinada pessoa, sabendo que há outras no mundo, muitas outras, mesmo que nesses momentos nosso sentimento seja de que não queremos ninguém. Podemos não querer, porém *elas existem*!

Se "o outro" nos é fundamental, então nem é verdade que "um é pouco" e sim *um é nada*.

Três é demais porque, neste momento histórico, somos egoístas. Não me refiro ao egoísmo patológico e sim ao sentimento mais simples, talvez mesmo ligado à sobrevivência – preservação de si mesmo. Nos defendemos, nos preservamos e, por isso, talvez acertadamente somos um pouco egoístas e, com isso, "o outro" é nosso e só nosso, mesmo que saibamos que essa não é uma verdade absoluta.

Em função disso, "três é demais" porque queremos mais, sempre mais, e o terceiro impede nossa posse e exclusividade.

Podemos, sim, conviver com três, quatro ou mais. Há séculos surgiram comentários, discursos, estudos, análises filosóficas, piadinhas, tentando mostrar que a natureza humana não se coaduna com a fidelidade. É possível que essas análises e estudos estejam parcialmente certos: nossa natureza animal não respeita as regras morais, éticas e é muito instável na empatia com o "outro", porém essa mesma natureza animal tende a buscar "algo mais" da relação com "o outro", uma forma de possuir algo exclusivo, especial, "nosso". Essa é uma contradição humana (e especialmente masculina no momento atual). É dessa forma que estamos disponíveis para, em algum momento, nos entregarmos ao grande e maravilhoso (e fantástico) *encontro com o outro*, o que nos levará de volta ao "dois" e àquele egoísmo citado acima. Em outros momentos queremos mais, mais e mais.

Em 1508 Erasmo de Roterdã escreveu, em *O Elogio da Loucura*:

> *E, de boa fé, qual é o mortal que quereria sujeitar-se ao casamento se tivesse considerado antes, como homem sensato, os inconvenientes desse estado? Qual a mulher que cederia às demandas amorosas de um homem, se tivesse pensado a sério nos incômodos da gravidez, nas dores, nos perigos do parto e nos trabalhos penosos da educação?*

Mais recentemente (início do século passado), estudos "sérios" vêm afirmando que o casamento faliu. Na verdade se dizia que o "matrimônio" faliu. Matrimônio significava a "unidade matriz", pois era uma unidade capaz de produzir a sociedade do futuro. Depois, essa ideia de formar uma matriz sucumbiu e deu origem ao casamento, permanecendo a ideia de "dois". Morreu também a palavra "conjugal" por lembrar o "jugo", a dependência/submissão ao "con/com", isto é, a um "outro".

O "outro" é, dessa forma, nossa glória e nosso fardo; nosso desejo e, ao mesmo tempo, a expressão da nossa dificuldade de *realizar* uma boa relação.

Tivemos grandes movimentos declarando o fim do casamento tachado pejorativamente de "burguês", das relações que exigem exclusividade (sexual?), dos relacionamentos muito próximos (preciso de "espaço"; preciso "respirar").

Desde 1930 já se prega o fim (racional e consciente) do casamento que exige exclusividade afetiva e sexual, permanência e algo identificado como "posse". Se quiser saber mais, leia Reich (Wilhelm Reich – *A Revolução Sexual*) e O'Neill (Nena e George O'Neill – *O Casamento Aberto*).

De fato, no entanto, o que vemos é que nossa estrutura emocional e inconsciente insiste em manter algumas dessas características da relação a dois, apesar de a sociedade atual nos fazer temer as emoções como "fraquezas".

É por isso que continuamos a nos unir e, lamentavelmente, acreditamos que o casamento deve ser bom simplesmente porque "nos amamos"! Pode parecer ingenuidade, mas Erasmo de Roterdã chamou essa nossa busca de uma relação mais intensa de "loucura". Ele ironiza dizendo que "amar" é loucura e muitos de nós, hoje, estamos acreditando nisso.

Só agimos assim porque a natureza humana ainda nos parece mágica, desconhecida e maravilhosa, mas obviamente ela não nos dá o poder de estabelecermos uma boa relação com alguém, preferencialmente afetivo-positiva ou "amorosa", se não agirmos coerentemente com isso. Se não houver empenho, dedicação. O mais frequente é agirmos de maneira oposta à afetividade positiva.

Assim dois não só é bom – é necessário. O que temos feito, no entanto, é tornar a vida a dois uma disputa incessante que nos enlouquece: "vamos ver quem é que manda – vamos ver quem pode mais"! Não há casamento ou relação afetivo-sexual que seja duradoura dessa maneira.

Nascemos dentro de um "outro", nossa mãe, e precisando de alguém para que possamos sobreviver. O "outro" nesse momento é a imagem com a qual impregnamos nossa estrutura emocional. Depois, nossa consciência (e lógica) nos leva à autonomia e também a uma muito frequente autoafirmação egocêntrica: "eu me basto". Naturalmente, a lógica também mostra o oposto: com o "outro" a vida pode ser mais fácil – somamos recursos e isso divide as dificuldades. Temos sexo, companhia, um "espelho" que permite que nos percebamos (como bons ou maus, lindos ou feios, brilhantes ou sofríveis), uma "agenda" e um "complemento" sempre disponíveis! Temos também intimidade – ampliamos nosso ser até os limites do outro ser. Tudo isso porque amamos e somos amados.

Não precisamos fazer nenhum esforço para termos tudo isso! Será?

Não; precisamos, sim, de um esforço racional, consciente; *da intenção e das atitudes.*

É gostoso dizer: "Não preciso de ninguém. Sou completo, inteiro." Isso faz bem para o ego, mas não resiste à mínima e mais grosseira análise física. Funcionalmente não somos completos, pois não conseguimos nos reproduzir sem... o outro.

Talvez tenha chegado a hora de estabelecermos relacionamentos consistentes, que integrem nossas necessidades estruturais emocionais com nossa lógica consciente. Para isso, precisamos rever nosso conceito de "amor" e para isso retomo o tema *pertinens*, do meu livro *O Poder dos Pais no Desenvolvimento Emocional e Cognitivo dos Filhos*.

Pertinens – Amor?

O sentimento de *pertinens*, se não é o primeiro, é um dos primeiros sentimentos que percebemos, ainda no útero. Uma criança precisa sentir-se pertinente (*pertinens*) a um adulto que lhe é significativo: seu "cuidador". A fragilização ou quebra desse vínculo de pertinência tem efeitos sérios e sempre negativos, de imediato e/ou no longo prazo.

Vamos detalhar um pouquinho o que é esse *pertinens*. Em espanhol o casal é chamado de *pareja* (parelha). Com muita frequência utilizamos também a palavra par; os jovens, conscientes ou não, buscam um par.

Vamos detalhar o significado de "par" pensando em um par de sapatos: cada um é uma unidade e tem sua função própria, calçar um pé. São diferentes na função, mas "iguais" no tamanho, cor, desenho, acabamento. Um faz parte do outro, pois as diferenças têm uma função, "complementam" cada uma das unidades e acabam por formar um conjunto. Apesar de existirem em separado, de serem diferentes, de cada um ter função exclusiva, pois um calça um pé e somente esse pé, formam um todo, formam um conjunto "quase" indissolúvel! É por isso que só têm alguma função ou algum valor se estiverem juntos.

É importante destacar que a diferença pode ser sutil, porém o sentimento se transforma significativamente quando dizemos que "um pertence ao outro" e "um é pertinente ao outro". Pertencer pode significar ser possuído pelo outro e fazer parte não implica posse e sim relatividade – ser relativo, relacionado ao outro. Quando a posse é fator preponderante, sempre surgem problemas: ciúme exacerbado na relação afetivo-sexual e dependência na relação pais-filhos.

Pertinens significa que um é pertinente ao outro como em um par de sapatos, no qual um pé é diferente do outro, mas, sozinhos, têm a função reduzida.

Essa pertinência recebe diferentes nomes para indicar o sentimento envolvido, sendo *amor* o mais comum. Procuramos também atributos que possam nos esclarecer o que seria o amor e elencamos: respeito, carinho, desejo, responsabilidade, reconhecimento, companheirismo, cumplicidade, dedicação, o que nos completa. Mas as palavras parecem sempre insuficientes, o que nos leva a buscar apoio em imagens figuradas como ninho, castelo, canto, enfim, um lugar (e/ou pessoa) onde nos sentimos em casa, seguros, aconchegados. Nesses lugares sou utópica e integralmente aceito porque dele faço parte e ele faz parte de mim.

Não é possível formar uma parelha se não aceito o outro nem sou aceito por ele. Com meu par – ao qual sou *pertinens* –, me sinto seguro, forte e poderoso como em meu castelo, assim como, com meu par, me sinto protegido e aconchegado como em meu ninho.

Meu "canto" também traduz sentimento semelhante: é meu, faz parte de mim, é igual a mim e por isso me sinto totalmente bem nele. Meu "canto", por outro lado, pode apresentar algum desvio do sentimento de *pertinens*, caso implique alguma limitação; isto é, tem algum defeito – é pequeno, acanhado, limitado, menos do que eu desejava, mas mesmo assim é meu! Nunca é demais lembrar o exemplo de pessoas que conseguem criar seu canto como uma réplica exata do seu mundo emocional.

Casais amorosos tendem a ter esse sentimento e já é hora de trazermos esse sentimento para a luz, para a consciência. Por quê? Porque o sentimento inconsciente nos escapa de atitudes conscientes e fugir das emoções e fixarmo-nos apenas no racional nos impede de vivenciarmos essas emoções.

Sem o sentimento de *pertinens* – *de ser parte* – só enxergamos a necessidade de alcançar o reconhecimento e a aceitação e com isso atropelamos o dia a dia; passamos por cima das coisas e de pessoas.

Sentimos que é preciso agir com urgência – correr, bater, gritar em uma busca desesperada do contato, visual, tátil e auditivo (ou fugir: isolamento, álcool/drogas); é a busca do reconhecimento. Nos irritamos muito quando não conseguimos, pois essa é a prova de que estamos sós. Tentamos provar que existimos, que temos valor, exigindo "justiça", como, por exemplo, ao brigarmos com nosso par porque ele foi gentil e atencioso com alguma pessoa da família, oferecendo a sobremesa sem oferecê-la a nós. Ficamos magoados, irritados e desejamos uma "reparação" (ou vingança!).

Nosso comportamento será notado como estranho. Poderemos ficar desatentos, no mundo da lua, desinteressados, apáticos, impulsivos, raivosos, hiperativos (ou deprimidos, mesmo quando adultos).

As pessoas poderão nos achar maldosos (ou chatos) e reagirão. Nessa progressão poderemos buscar alguma satisfação *a qualquer preço*. Culparemos e *atacaremos* aqueles a quem queríamos (e não conseguimos) nos vincular.

O não se sentir amado causa, no indivíduo, grande dano; o não se sentir amado o leva a cometer grandes danos.

As Necessidades de Cada Gênero

Bem, temos as características da nossa espécie impressas em nosso DNA, assim como as relativas ao nosso gênero. Vimos que nossas necessidades de afeto surgiram por meio das primeiras vivências que tivemos durante a gestação e na primeira infância, consolidaram-se com as vivências posteriores e dessa forma surgem as características que são mais individuais.

Sob o ângulo da primeira camada, "todos os homens são iguais", assim como "todas as mulheres são iguais".

Temos necessidade do "outro" para que ele legitime nossa existência. Uma das formas de nos sentirmos reconhecidos (valorizados) quando adultos é, nas mulheres, serem desejadas (e por isso cuidar-se-á delas) e, nos homens, serem "superiores" (e por isso receberão atenção e serão atendidos em seus desejos).

Há inúmeras canções populares que, em função da arte de seus poetas-compositores, descrevem essas características. Vou destacar duas pela expressão poética e nível enfático:

Homens: O comportamento típico masculino para atender à necessidade feminina de ser desejada (e a dedicação decorrente) é a prova de suplantar barreiras como "prova de força e valor, para legitimar uma conquista" (ser superior). Esse comportamento parece ter sido muito bem descrito na canção *Gabriela*, de Chico Maranhão:

> *atravessei o mar*
> *a remo e a vela*

fiz guerra e em terra
montei a cavalo
e em pelo de sela
cruzei as florestas, montanhas e serras
a lua sorria, eu sorri com ela
quando corria, eu corria dela
pulei cancelas, pulei quintais
deixei donzelas e tudo mais
quantas janelas ficaram atrás
só pra te ver Gabriela

No exagero da expressão poética "atravessei o mar a remo" e em todo o resto ele tenta provar que superará todas as barreiras para vê-la (e que é capaz disso). Atende, com isso, à necessidade feminina da prova de "força" que deve estar presente na superioridade do homem desejado por ela (de trabalho, física, intelectual etc., provando que é capaz de "manter a família"), e pressupõe também que ele a atenderá "amanhã" (como bom reprodutor e provedor).

Esse é então o mecanismo de conquista e pode não mais estar presente após a conquista ter se concretizado. A queixa feminina mais frequente é quanto ao "amanhã", quando o homem já não enfrenta nem mesmo uma garoa para vê-la!

Mulheres: O comportamento típico feminino para atender à necessidade masculina é admirá-lo (uma forma de submeter-se). Os homens precisam ser admirados. Carly Simon está maravilhosa na canção *"Nobody does it better"*. Nela não há metáforas (apenas omissões); tudo está dito: "Ninguém faz melhor que você". Assim o homem sente-se reconhecido: é o melhor! (*Baby you are the best*).

É verdade? No campo emocional, e apenas nele, pode ser verdade sim, e isso é o que importa.

Em uma análise lógica poderíamos considerar que seria necessário comparar não só o desempenho dele em relação ao de outros homens, como também a apreciação que outras mulheres fariam desse desempenho, para verificar se realmente ele é *the best*. Isso, no entanto, não importa. Não estamos à procura da "verdade", e sim dos sentimentos de pessoas e, nesse aspecto, a "avaliação" positiva dela é tudo o que ele precisa!

Todos precisamos de uma avaliação positiva: *you are the best*. E note que, no caso masculino, com o cunho sexual.

Homens eram muito mais inconsistentes que as mulheres na relação conjugal. Os homens assumiam essa condição e até mesmo o poder público, no Brasil, referendou essa visão ao passar a entregar escrituras de casas populares em nome da mulher quando o casal tinha filhos, como uma forma de garantir que o patrimônio beneficiaria a criança, a salvo da "leviandade" masculina.

Os homens eram supostamente muito mais inconsistentes que as mulheres, mas várias pesquisas nos anos 1980 e 1990 mostravam que a mulher traía tanto quanto o homem! De fato, havia um viés ao menos em parte delas: as mulheres incluídas nas pesquisas eram mulheres mais independentes, em função de terem uma vida profissional.

Até há poucas décadas se atribuía a infidelidade masculina a características ligadas ao sexo: a sexualidade masculina seria mais intensa, volúvel e superficial, diferente da mulher, que buscaria o sexo vinculado ao "amor". Com as mudanças sociais, começamos a ver que a mulher também pode se interessar por "sexo pelo sexo".

O que vimos é que o homem era formado para ser "macho", o que excluía o afeto e carinho. Afeto e carinho masculinos só eram aceitos socialmente se dirigido à namorada (e eventualmente, com parcimônia, à esposa)! Não era bem visto socialmente nem mesmo o carinho com os filhos; o homem deveria ser um bom provedor (e só)!

Não são poucas as mulheres que, conforme o conto de Jeanne-Marie Leprince de Beaumont (*A Bela e a Fera*), assumem o papel de "salvar" o homem. Da mesma forma, é frequente que o homem assuma o papel de rude (tosco, na linguagem atual), egoísta, mau.

Ele não sabe se vestir? Ela dará um jeito – no namoro, com presentes... O homem, por seu lado, assume o papel da fera – tosco, mas principalmente atemorizante (às vezes, ao menos). Ele se enfurece, grita!

O papel da "Bela" é humanizar aquela "besta-fera" e, ao fim da história, viverem felizes para sempre – pois ela "venceu". O papel da "besta", por seu lado, é continuar sendo uma "besta-fera".

A Bela e a Fera é um sugestivo conto de fadas e, na realidade, tanto olhando de forma romântica quanto racionalmente, nos parece "bom" que o homem seja humanizado, libertado do feitiço, pelo amor que a Bela tem por ele, mas também pelo amor que ele passará a ter por ela. O homem (fera) descobrirá o "amor" (ensinado pela mulher) e esse é seu único caminho até a *humanização dos instintos*, conforme definiu Szondi (Lipot Szondi, psicólogo húngaro, 1893-1986).

É assim na relação afetiva na qual o tom maior é o mito de A Bela e a Fera: o que importa é a viagem, o percurso, a relação em que há o empenho construtivo feminino de "humanizar" o parceiro e o empenho masculino em resolver "na raça" as dificuldades do dia a dia, enquanto é levado em direção à humanização – vale a dedicação a essa tarefa e não apenas o "chegar lá".

Independente do gênero, o ser humano precisa de vínculo emocional com seu semelhante e, em alguns momentos, ele precisa ser expresso, o que se dá através do carinho/comportamentos afetivos.

No casal do século passado, o "carinho" masculino era expresso pelo quão bom provedor ele era. Havia mesmo uma expressão de praxe, para designar um homem "bom": "ele nunca deixou faltar nada em casa".

Aquele homem antigo, represando a afetividade e expressão do carinho, encontrava uma única forma de vivenciar o afeto: o ato sexual. Uma distorção semelhante também é encontrada em muitas mulheres, ao reforçar esse traço masculino, quando buscam a "prova" do amor masculino no quanto ele a deseja.

Com ou sem a aprovação social, no sexo acontece um enlace e uma entrega (há variações) e assim sempre foi muito fácil ao homem confundir o sentimento de afeto com o desejo sexual; um eliciava o outro. Essa é uma deformação emocional fortemente perigosa, como podemos observar no histórico policial; é também origem de muitos desentendimentos: se a mulher não está disponível para o ato sexual, o homem sente-se não amado.

A mulher "dos velhos tempos", podendo transitar amiúde pelo afeto, era capaz de diferenciar este do erotismo com muita facilidade; sua tendência era desprezar o sexo caso não sentisse a presença do "amor", isto é, o encontro/fusão através do *pertinens*. Por seu lado, o homem se enfurece: se ela não quer sexo = ela não me quer!

Em função da aquisição desses traços, o homem, ao menos nos últimos cem anos, foi, sim, menos consistente nas relações afetivas, segundo o critério "fidelidade sexual" (e também mais capaz de violência sexual).

A mulher "de antigamente" é que dava consistência relacional para o desenvolvimento emocional sadio às crianças. O bloqueio afetivo masculino, se não o incapacitava, desenvolvia incompetências específicas para as sutilezas desse trabalho. Esperava-se do homem a consistência como provedor e só.

Hoje a mulher tem uma vida profissional e muitas delas são responsáveis pelo sustento dos filhos. O que se pode notar é o surgimento, nessas mulheres, daquela mesma "confusão" entre afetividade e sexualidade, presente nos homens "de antigamente". A sociedade mudou, as famílias mudaram. As relações entre os componentes de um casal são significativamente diferentes. Ao homem já é permitida alguma demonstração de carinho, mas, na direção contrária, a mulher vai se tornando mais lógica e um pouco mais "fria". Todos, no entanto, se ressentem da falta da "linguagem do afeto".

Para que Aconteça o Encontro, a Paixão

A paixão é o impulso instintivo que tem como função a aproximação ao sexo oposto para geração de filhos. Podemos dizer que o impulso sexual (metabolismo/sistema endócrino) executa essa função, porém nesse caso estamos tratando apenas da função animal. Considerando o aspecto humano com seu necessário longo período de desenvolvimento, etapa em que há a dependência de adultos para a sobrevivência, a paixão promove a união e inicia um vínculo que deveria propiciar a cooperação de duas pessoas até que o desenvolvimento dos filhos estivesse completo (função social).

A paixão nos traz aquela sensação de que o mundo se tornou bom, iluminado, multicolorido, e que a vida é ótima e precisa ser vivida.

Encontramos o "outro" (ledo engano) e ele deixa de ser "outro", tal a similaridade que nos une. Nos expandimos através do outro pela intimidade e efetivamente nos sentimos maiores. A tendência é que aconteça um vínculo de confiança e, se este acontecer, o "outro" deixa de ser "outro" e se torna nosso par – faz parte de nós mesmos. A sensação é do "encontro". Realmente encontramos, porém *encontramos a nós mesmos*; encontramos alguém da nossa "família", como definiu Szondi no início do século passado. Alguém que tem algumas das nossas características mais importantes, parte delas relativas aos nossos valores, princípios. Como esse "outro" é da nossa "família", falamos a mesma língua – nos entendemos muito bem e praticamente pensamos as mesmas coisas.

Pode acontecer também que esse "outro" tenha qualidades que não temos... e que gostaríamos de ter. Com isso ele nos completa; sequer temos de nos esforçar para alcançar essas qualidades – as teremos através dele! É pura magia.

Precisamos desse encontro desde que fomos (de preferência lentamente) nos afastando de nossa mãe. Guardamos na "memória emocional" o enlevo de ser "um" com alguém e agora esse sentimento ressurge.

Dessa forma, somos enganados pela paixão em pelo menos dois pontos importantes:

1. O encontro, do qual somos necessitados, é uma imagem emocional de um encontro que já tivemos (ainda no útero, com nossa mãe);

2. O "outro", tão perfeito, nada mais é que a projeção da nossa imagem (nos apaixonamos por nós mesmos).

Seria bom levar em conta também que adoramos o estado de paixão – nos sentimos mais fortes, bonitos, ousados, criativos, entusiasmados com tudo e com todos – nos adoramos adorando o "outro".

É dessa forma que nos tornamos prontos para o casamento (e a procriação). Quando esperamos uma semana, um mês, um ano a mais, a decisão de casar vai ficando mais "pesada", complexa, difícil, e quanto mais tempo passa, o mais provável é que ela só aconteça se nos apoiarmos em outros objetivos mais racionais como:

a) experimentarmos algo desconhecido;

b) mudar de *status* e obter alguma vantagem da vida a dois;

c) por pressão social.

A paixão é tão boa que muitas pessoas não conseguem viver sem ela. Quando ela acaba, essas pessoas buscam um outro "outro" e começam tudo novamente e podem reviver isso inúmeras vezes, sem passar para o estágio posterior. Mesmo quem passa para o estágio posterior – a vida conjugal – ainda sente saudade da paixão e, se esse sentimento for suficientemente forte, a insatisfação com o casamento será destruidora.

Em algum momento a paixão se dissipa. Quando as nuvens multicoloridas se desfazem, começamos a enxergar realmente o "outro". Nesse momento estamos diante de uma possível crise e também de uma oportunidade:

- Crise porque o "outro" que temos em nossa frente não é o desejado; e
- Oportunidade porque poderemos aprender a conviver com o "outro" real aprendendo sobre nós mesmos ao nos vermos projetados nessa pessoa que nos "espelha".

É dessa forma que podemos dizer: "depois do casamento ele(a) mudou da água para o vinho". Não é bem verdade; pode ter havido alguma mudança, sim, mas a maioria delas ocorreu em nossos olhos e olhares (de ambos!). A união, o casamento pode então se tornar uma prisão e um inferno (e frequentemente se torna burocrático, desinteressante, enfadonho ou irritante, sufocante, mas *não precisa ser assim!*).

A relação a dois é, na verdade, uma das etapas importantes para nos desenvolvermos como indivíduos, pois nos tornamos mais amplos em nossa individualidade e mais senhores dela: crescemos!

A única coisa que falta é manter no casamento a mesma qualidade alcançada no namoro.

Fusão e União

Falamos em "encontro" e em sentir-se "um" com o "outro" e a isso podemos entender como havendo uma fusão do meu "eu" com o "eu" do "outro". Na fusão não é possível distinguir com clareza o que sou eu e o que é o outro. Só depois que a paixão se dissipa é que se torna possível a união consistente entre duas pessoas. A razão pode então apoiar decisões que anteriormente eram puramente emocionais.

Pode acontecer de que a saída da paixão seja sentida como uma perda, e esse sentimento gere raiva por o "outro" não ser realmente aquele "outro" que parecia existir durante a paixão. Se ficarmos nessa lamentação e não tivermos atitudes construtivas, a união não acontece, podendo o casamento continuar, porém sua manutenção se fará ao elevado custo de conflito permanente ou tolerância insípida.

A união indica que houve um crescimento psíquico, na direção que Szondi chamou de "humanização dos instintos" e Jung (Carl Gustav Jung, psicólogo, 1875-1961) de "individuação". Dessa forma, a paixão e o casamento, entendido este como "união", são etapas de um crescimento psíquico (de cada um dos indivíduos) em direção à integração e "inteiração" da nossa individualidade.

O crescimento que se consegue por meio da união é mais bem percebido nas pessoas que não o alcançam: há queixas frequentes e consistentes quanto à perda da liberdade, quanto ao peso da "responsabilidade", quanto à necessidade de "espaço" para si mesmas, quanto à perda da iniciativa, criatividade, alegria etc. Pode haver também a tendência em responsabilizar o "outro" por essas perdas e sofrimentos.

Conviver com esse "outro" que, como um espelho, reflete nossos mais terríveis e indesejados defeitos não é fácil.

Em sentido contrário, é possível fazer uma revisão na própria identidade – redefinir a si mesmo. Ver a si mesmo nessa fantasia de um "outro" que criamos é uma fantástica oportunidade de crescimento, de descobrir fraquezas para empenhar-se em superá-las ou assumi-las como nossas, ao invés de culpar o "outro". É necessário um bom grau de humildade para superar o tradicional "eu sou assim!".

"Eu sou assim" é também uma defesa que nos impede da efetiva entrega, que implica a confiança e a possibilidade e risco de sairmos dela machucados. Se temermos muito a possibilidade de sermos machucados, não confiamos, não nos entregamos, não conhecemos a relação intensa que é *fazer parte*.

Esse individualismo nos torna áridos. Mesmo com a aridez, poderemos procriar, porém, como tendência geral, passaremos aos nossos descendentes essa mesma aridez.

Não precisa ser assim, afinal *todos os casamentos são feitos no céu!*

Casamentos São Feitos no Céu

Pequenos segmentos da verdade captada pela experiência individual estão distribuídos na realidade cotidiana e são registrados no senso comum, estando presentes nos ditos populares, nas canções de sucesso, inclusive nas popularescas. Vamos considerar esse brilho de verdade que se apegou à frase "Casamentos são feitos no céu".

Naturalmente, não trato aqui do aspecto religioso; vejo nela a afirmação de que a grande maioria das relações afetivo-sexuais duradouras se estabelece em bases que escapam à nossa consciência – acontecem suportadas por fatores impressos em nossas emoções que permanecem abaixo do limiar da consciência.

O "casamento firmado no céu" equivale a dizer que há razões para essa ocorrência que estão além da nossa compreensão (melhor dizendo: abaixo ou fora do âmbito consciente), como vimos anteriormente.

Esse é o segmento da verdade – os vínculos são estabelecidos no campo emocional e os porquês reais não são alcançados pela nossa consciência (e raciocínio lógico).

Partindo dessa "verdade", podemos concluir que todos os casamentos são feitos "corretamente", porém não da forma como entendemos racionalmente. Além disso, durante o casamento "muita água passa por baixo da ponte" – as pessoas evoluem e pode acontecer de essa mudança ocorrer em um só dos cônjuges, o que desfaz ou no mínimo provoca alterações no vínculo emoção-emoção, como, por exemplo, em um casamento complementar entre o instinto sádico e o masoquista, que pode se desfazer caso apenas um deles evolua, isto é, se o sádico perder a necessidade de fazer alguém sofrer, já não terá utilidade para o masoquista. Assim, podemos idealizar que os componentes de um casal "cresçam" juntos ou, ao menos, que o crescimento de um dos componentes da "parelha" gere uma crise e esta tenha como consequência o crescimento do outro componente do casal.

A terapia de casal frequentemente tem como motivação inicial uma crise na relação. Essa crise, considerando que "o casamento foi feito no céu", pode ocorrer por alterações nas bases que firmaram inicialmente o vínculo e isso não indica necessariamente que "o amor acabou", e sim que ele mudou de posição e pode ser reencontrado, caso os componentes do casal ousem mover-se do seu ponto confortável de equilíbrio (o que muitas vezes significa "evoluir").

O "casamento feito no céu" significa que ele tem, em si, o potencial para "dar certo", mas observe com atenção: *potencial* não quer dizer *realização*! A realização de um relacionamento amoroso se dará por meio de *atitudes* que façam isso acontecer.

É preciso saber fazer, desenvolver a habilidade e, naturalmente, ter interesse e intenção de fazer melhor. É o que vamos ver mais à frente.

O Casamento que Conhecemos

O casamento que conhecemos surgiu há pouco mais de dois séculos. Ele se formou na esteira da Revolução Francesa com o *slogan* que mudou a civilização: "*Liberté, Egalité, Fraternité*". Liberdade, Igualdade e Fraternidade são palavras que conquistam e realmente avançamos nessa direção, mesmo que estejamos ainda muito longe de realmente vivenciá-las.

Liberdade: Só a partir da Revolução Francesa conquistamos a liberdade de escolher nosso par para o casamento. O casamento, anteriormente, ocorria em função de acordos paternos, a partir dos interesses morais, religiosos, econômicos etc.

Sim, conquistamos a liberdade de escolha, escolhemos pelo impulso instintivo (a paixão) e esperamos (note bem; *esperamos* passivamente) que o relacionamento seja maravilhoso, simplesmente porque amamos. Não funciona!

Se a liberdade de escolha do par foi um grande ganho, por outro lado não a aproveitamos completamente: não construímos a partir dela a nossa felicidade.

Igualdade: A construção da igualdade foi bem mais lenta. Só no início do século passado é que as mulheres puderam votar no Brasil. Só pouco depois é que elas passaram a frequentar uma sala de aula (saber ler e escrever, somar para quê, se iriam cuidar da casa e dos filhos?). No meio do século passado veio a "pílula" anticoncepcional, e isto sim mudou a cabeça de homens e mulheres. No último quarto daquele século criou-se a separação legal de um casal e, com isso, a mulher passou a ter vida caso houvesse o término de seu casamento.

Vamos observar com cuidado: estamos no meio de grandes transformações nesse terreno. Se estamos avançando em direção à equivalência de direitos entre homens e mulheres, carregamos ainda a imagem mental (anterior) do como "deve" ser o casamento e, por outro lado, admitimos com facilidade as inovações que nos são benéficas. Em função disso, surgem fortes e intensas divergências entre os casais e inúmeros casamentos terminam por desentendimentos originados dessas alterações psicossociais. Nossa sociedade está eliminando distorções que tornavam a mulher "cidadã de segunda categoria", porém, como estamos no meio do processo de transformação, encontramos muitos problemas com os quais não sabemos lidar. Exemplos? São muitos e por isso vou caricaturar algumas situações:

1. Sexo: A mulher pode se achar moderna, independente e não mais a "escrava" do homem. Em função disso, se vê senhora da sua sexualidade e, com todo o apoio legal, considera que só fará sexo com seu par "quando tiver vontade". Isso é lógico, "justo", estimulado pela Justiça e divulgado pela imprensa. Aparentemente está tudo certo, exceto pelo fato de que, em um casamento, não é o legal e o correto que deve ser seguido, e sim o adequado e amoroso. Caso sigamos o "legal e correto" descrito acima, o homem não fará sexo "quando tiver vontade". Ao seguirmos o que é justo e correto, criamos uma "injustiça", já que a mulher faria sexo quando quisesse e o homem não faria sexo quando quisesse. Bem, isso é apenas uma análise

lógica porque na prática não é bem assim que ocorre; isso se torna um jogo complexo e difícil.

2. Dinheiro: A mulher trabalha e se vê como independente.

2.1 – Ganha menos que seu marido e julga que o ganho do seu marido deve ser para manter a casa e fazer os investimentos do casal. O seu ganho deve ser para "as suas coisinhas" e eventualmente alguns gastos familiares supérfluos. (Se for assim, é porque ela guarda ainda a inconsciente certeza de que o homem é o provedor do lar).

2.2 – Ganha mais que o marido e ressente-se muito com isso. Sente-se mal ao ter que custear a viagem de férias ou a ida do casal a um restaurante. Pode penalizá-lo sob outras alegações sempre que isso ocorre.

2.3 – O homem ganha menos que a mulher e acredita que deve usar esse dinheiro para suas coisas, pois "é assim que deve acontecer no casamento"; na sua visão, "um ajuda ao outro, pois, historicamente, era o homem que sustentava as despesas da casa, sem exigir a participação feminina".

A equiparação de direitos entre homens e mulheres está em curso na sociedade e nesse processo nos desentendemos, criando grandes dificuldades no relacionamento dos casais.

Fraternidade: Podemos entender a fraternidade como um sentimento que compõe a relação amorosa e o amor romântico. Vista dessa forma, a fraternidade já existia no casamento. A antiga divisão de funções entre homens e mulheres no casamento antigo (provedor e mantenedor da casa) podia estar contida na fraternidade. A atual transformação social momentaneamente parece nos afastar um pouco desse ideal. Os relacionamentos tornaram-se um pouco mais legalistas e contábeis em detrimento da fraternidade.

A contabilização de ganhos e perdas (crédito/débito – contribuição e recebimento) nos leva a uma guerra entre os gêneros. No antigo modelo, as mulheres queixavam-se do "como eram os homens", mas os homens não teciam considerações sobre "como eram as mulheres". Hoje há quase uma guerra aberta com trincheiras onde se protegem os diferentes gêneros. É comum e já bem antiga a queixa feminina de que os homens são "porcos", não é comum, mas já é crescente a visão masculina de que as mulheres são "parasitas que usam os homens para atingir seus objetivos".

O matrimônio desapareceu e, em função das dificuldades do momento social, o casamento nos atemoriza. Acreditamos que burlamos o que nos faz temer, evitando o casamento, ao "apenas" morarmos juntos. Enganamos a nós mesmos!

Hoje: Casar ou Morar Juntos?

Os papéis que assumimos são influenciados pela sociedade na qual vivemos e na qual desejamos estar inseridos. Num segundo nível esses papéis seguem o que aprendemos na nossa formação, por meio da vivência que tivemos quanto ao relacionamento dos nossos pais. Temos ainda uma influência mais remota como, por exemplo, a *memória* que vamos chamar aqui de *instintiva*, do papel que nosso gênero representou no casamento vigente nos últimos 200 anos e se impregnou em nossos cromossomos.

Ao pensarmos na união com outra pessoa (casamento), é natural a dúvida quanto ao futuro. A imprevisibilidade nos leva a temer que nossos desejos não se concretizem e que nossos planos virem folhas mortas. Isso acontecia mesmo antes da imensa revolução pela qual passou a instituição *casamento*, mesmo quando ainda chamávamos a essa união *matrimônio* (unidade matriz); mesmo naquela época era comum o friozinho na barriga ao se pensar na união (não só o friozinho na barriga, mas também o desarranjo intestinal, passando por torção no pé, quebra de um braço ou perna, perda de emprego e outras crises bem variadas).

As tentativas de superar a infelicidade matrimonial foram muitas e todas foram sepultadas, inclusive aquela que promovia a "independência ou morte", que surgiu nos anos 1970, chamada "Casamento Aberto", do qual se veem ainda alguns raros experimentos. O "morar juntos" tenta evitar a infelicidade e, ao contrário, a promove.

A questão colocada hoje é que a equiparação social feminina, que vem se processando mais rapidamente nas últimas décadas e altera também o papel masculino, traz o novo e o desconhecido. Tanto o homem quanto a mulher vivem, neste momento, uma crise de identidade em relação aos seus papéis no casamento. Há uma informação objetiva, consciente e racional quanto à igualdade entre o homem e a mulher e ainda um impulso instintivo que nos faz sentir o desejo de mantermos alguns aspectos dos papéis desempenhados no casamento *antigo*. Podemos ficar insatisfeitos com esses papéis porque a equiparação atual, se tiver valor mais forte, não é condizente com o papel antigo registrado em nossos genes ou, invertendo apenas o valor cronológico, podemos ficar infelizes, porque o papel antigo, se tiver valor mais forte, não é condizente com os padrões atuais de equiparação entre os gêneros). É isso que vem intensificando as dúvidas e receios.

Em função disso, o "juntar" tornou-se quase obrigatório e tomou um lugar semelhante ao antigo noivado. A grande diferença é que, no antigo noivado, restava ainda o "morar juntos, conviver, algo a ser experimentado", deixando espaço para a curiosidade e o desejo, o que não há no "juntar-se", onde tudo já foi experimentado e, pior, o *melhor* não foi entregue (o *melhor* é a atitude e o *compromisso*).

O que ocorria com o homem? Quando estavam apaixonados, sentiam-se mais fortes, poderosos, o humor ficava quase estabilizado no positivo, tornavam-se mais intensos e criativos. Naturalmente ficavam mais ousados e, com os temores reduzidos... casavam-se! Com a equidade feminina isso já não é tão fácil, porque essa equidade é, digamos, relativa e o temor masculino fica intensificado: *e se ela não* assumir a equidade? E se ela "brigar" pela equidade? E se...? Amplia-se a possibilidade de comparação e cobrança. O homem tenta retomar parte do papel antigo, no que é criticado ou restringido.

Juntar-se é a forma moderna de união e estatisticamente majoritária. Essa forma nos oferece mais garantias? Atualmente, nenhuma; apenas o aumento da possibilidade do separar-se, não por facilidade legal, mas subjetiva – maior disponibilidade emocional porque não rompe com um valor muito forte (arquetípico) que estamos fingindo que não existe: o arquétipo da "união".

Na lógica masculina, é frequente o pensamento: "se estivermos bem, casamos". Porém, essa lógica é... totalmente ilógica, pois não é assim que a união acontece. Essa certeza e linearidade – que ouvimos em canções como *"For ever Young"*, "Só quero saber do que pode dar certo" *"Be happy"* – efetivamente são pura fantasia! É, sim, lógico pensar que, se um sistema está produzindo resultados positivos, ele funciona e podemos prever que ele pode, no futuro, gerar resultados positivos. Ao envolvermos aspectos humanos, precisamos entender que há outras possibilidades: o sistema não produz resultados positivos porque espera um *input* necessário. Isso quer dizer que ele é capaz, sim, porém depende de algo do presente ou futuro para gerar os resultados esperados.

Um fator que impede que o sistema gere resultados positivos, por exemplo, é que, ao se juntar, nenhum dos pares se sente "o escolhido" – *eleito* – e o sentimento de não ser querido(a) mina o relacionamento e corrói o vínculo.

Esse vínculo deve ser necessariamente forte? Hoje ainda

precisamos dele, mas talvez estejamos às portas de um novo modo de estarmos juntos. O ruim é que só teremos certeza disso em algumas décadas, talvez um século ou mais e, enquanto isso não ocorre, sofrem os casais... e também os frutos desses relacionamentos.

A primazia do raciocínio lógico nos leva a aceitar que o relacionamento a dois, íntimo e duradouro, é uma utopia. A primazia do raciocínio lógico nos leva a não admitir que podemos desejar algo utópico! Em outras palavras: rejeitamos nosso lado emocional. Será que podemos ser felizes sem emoções?

Se é Assim, o que Fazer?

Tudo o que está escrito até agora aponta para este imperativo: esqueça o amor!

Não esqueça o afeto, a relação amorosa e sim esqueça aquele conceito de amor hollywoodiano que indica que o "amor" determina a qualidade do relacionamento.

Vamos tirar as aspas e dizer corretamente: não acredite que a paixão é suficiente para que ocorra um casamento feliz.

Nossa emoção nos leva ao encontro e à fusão, mas são a nossa consciência e o raciocínio que, de forma intencional, podem nos levar a desenvolver a habilidade de nos relacionar com o "outro" e de estabelecer um relacionamento de alta qualidade e duradouro.

Verifique sua intenção consciente de colocar energia em desenvolver a habilidade de manter relacionamentos consistentes e gratificantes. Verifique sua capacidade de estabelecer intimidade emocional. Verifique se você tem disponibilidade para se entregar a um amor romântico!

É verdade que a paixão (ou o "encontro") acontece, porém *um relacionamento amoroso é construído*. Acreditar em um amor que por si só determinará a qualidade do relacionamento é deixar ao acaso a nossa vida afetiva. Precisamos aceitar que, se a paixão nos levou ao encontro de uma miragem (a projeção de si mesmo no "outro"), então será necessário promover o nascimento e desenvolvimento do real relacionamento sustentando a qualidade da relação depois que a paixão esmaecer. Caso contrário, ficaremos entrando e saindo de relacionamentos (e paixões) *ad aetërnum* e *ad nauseam*.

Como isso ocorre? Lentamente e com a maturidade,

nosso castelo vai se delineando. Com o tempo (idade e maturidade emocional), vamos (re)conhecendo nossos sonhos e vislumbrando nosso castelo. No início de uma relação não percebemos a importância disso porque sequer sabemos da existência desse castelo. A esmagadora maioria dos jovens desconhece seus sonhos, seus desejos e não pode, por isso, escolher (racionalmente) o par apropriado para construir um castelo que seja coerente com seus desejos.

As mulheres mais frequentemente conseguem estabelecer o vínculo entre uma relação afetiva e a formação de uma família; os homens, em sua maioria, nem isso (e por isso o choque diante de uma gravidez). Construir um castelo não é fácil: ele é cheio de detalhes: pórticos, pontes levadiças, salões de festas, escadarias, quartos de banho, lustres, tapeçarias, sem mencionar as passagens secretas, masmorras, torres etc., que aparecem concretamente nas seguintes formas:

- Ambos trabalham?
- Trabalharão?
- Carreira?
- Carreira no exterior? Ambos?
- Casa ou apartamento?
- Quem define a mobília? Quem a paga?
- Babá, escolinha ou avós?
- Religião?
- João ou Maria?
- Viagem?
- Cão?
- Gato?

- Televisão e chinelo?
- Almoço de domingo?
- Onde a roupa suja? E a roupa molhada?
- Exclusividade sexual? E afetiva?
- Como apertar a pasta dental?
- E o principal: Um relacionamento amoroso ou objetivo? Um casamento prático ou viver um amor romântico?
- Construiremos tudo isso a quatro mãos (ou não)?.

Como "todos os casamentos são feitos no céu", isso quer dizer que o relacionamento iniciado por uma atração inexplicável pressupõe afinidades que permitam a construção de um castelo a quatro mãos, que atenda os desejos de ambos. Construí-lo requer conhecer os próprios sonhos, conhecer um pouco dos sonhos do(a) companheiro(a), brigar pelos nossos desejos e ceder – na medida certa.

É com esse conhecimento que vamos escrevendo um contrato para a relação afetivo-sexual duradoura. Esse contrato, na esmagadora maioria dos casos, são dois, porque, como as cláusulas estão apenas implícitas, algumas delas são comuns, mas muitas podem ser significativamente divergentes.

Acontece também que, ao longo do relacionamento, algumas dessas cláusulas se alteram ou perdem o sentido para um dos componentes do par, e isso significa, obviamente, divergências e possivelmente crise na relação. Acreditar então que "o amor acabou" ou que "o amor (a paixão) resolve a questão" é pura ingenuidade ou "loucura". A emoção pode estar presente, inclusive na sua versão negativa: raiva!

II
EVITANDO ERROS GRAVES

Aprender a Amar

Não paramos para pensar nisso, mas agimos como se fosse inerente à natureza humana saber amar. Não é. Aprendemos o apego, o afeto, a empatia em nossa primeira infância. Nossos receptores de informações do mundo externo surgem quando estamos ainda no útero e, através deles, vamos aprendendo a sentir. Levamos cerca de 20 anos (mas precisamos cada vez de mais tempo) para processarmos as informações percebidas e sentimentos que elas nos provocam, de forma integrada com a nossa lógica e julgamento.

Nascemos, sim, precisando do "outro" e, mais que alimentar-nos, é ele que, como um espelho refletindo nossa imagem, nos "prova" que temos existência. Precisamos do "outro" também quando adultos e é para que o "outro" reconheça o nosso valor, por isso é que lutamos pelo desenvolvimento profissional e pela casa na praia. Para os que sabem amar, no entanto, o "outro" é mais que isso, é uma possibilidade de troca *extremamente gratificante e enriquecedora*, muito além da autoafirmação.

Ainda no útero vamos sentindo se o que nos é externo é bom ou ruim e, durante nossas primeiras vivências, até os dois ou três anos, é que aprendemos, segundo a qualidade da relação que tivemos com o adulto a quem nos ligamos, a construir vínculos com outras pessoas. É esse primeiro vínculo que se torna nosso modelo de qualidade de relacionamento e é com esse adulto significativo que aprendemos o afeto, e essa experiência nos leva a arriscar o estabelecimento de novos vínculos. Naturalmente, nesse período surgem apenas os rudimentos – a matriz – da nossa forma de estabelecer as relações, mas é uma "matriz" e por meio dela é que repetiremos nosso roteiro relacional. Daí em diante vamos desenvolver e aperfeiçoar nossa "fábrica" de relacionamentos sobre esse alicerce, durante ao menos duas décadas.

A sociedade atual nos oferece um volume tão grande de informação, que a recebemos mesmo que não a busquemos. O teor dessa informação tende a afetar nossa matriz de relação, já que nossa lógica nos diz que não só seria impossível ajudar a todos os que sofrem e se aproximam de nós em cada semáforo, como também seria dramático sofrer a cada tragédia que os jornais trazem até nós. Dessa forma, vamos alterando aquela matriz de relação que construímos na primeira infância, anestesiando o processamento dessas informações e sendo parte ativa do que já está sendo chamado de sociedade do individualismo em função do alheamento afetivo ou, ao menos, da afetividade pragmática, se é que alguma coisa assim pode existir.

Esse alheamento ou, na forma menos dolorosa, o pragmatismo afetivo não são inócuos: eles nos tornam reprodutores da aridez:

- Por meio das relações superficiais que estabelecemos;
- Por meio das relações menos consistentes (não prioritárias) que desenvolvemos e ensinamos aos nossos filhos;
- Na nossa não disposição a termos filhos.

No nível individual, ele nos traz a insatisfação, no mais das vezes indefinida, gerando ansiedade e/ou depressão.

É assim que vamos tendo cada vez mais pessoas que desconhecem a gratificação de um vínculo consistente com uma outra ou, ao menos, que se permitam manter esse vínculo por mais que algumas horas, dias ou semanas, quando muito. Por outro lado, ao menos nas grandes metrópoles, as crianças já não estão aprendendo a amar e uma grande parte dos adultos está sofrendo, sem atinar exatamente por quê, já que é bem sucedida em várias áreas da vida.

O despertar da consciência para o motivo da insatisfação, quando ocorre, é muito lento, pois o desenho social desestimula o caminho do afeto. Quanto mais lógicos nos tornamos, mais essa lógica nos mostra que estamos certos e que o afeto é não só uma inutilidade como também um perigo.

Os homens têm experiência de séculos a mais que as mulheres em mal sentir, antever e precaver.

Levadas ao mundo do trabalho, as mulheres aceleram seu desenvolvimento nessa mesma direção e assim as crianças não estão aprendendo a amar (ou ao menos a ter afeto).

Hoje já podemos até mesmo ver em que área do cérebro o afeto é processado. Amar se aprende (ou não) e quem se sensibiliza com os números do "aquecimento global" talvez sinta a sociedade carente de afeto.

Vamos observar com cuidado o individualismo, a intimidade, o contato emocional; quem sentir que tem algo a aprender sobre o que é e como é amar, leia com cuidado esses tópicos e exercite suas emoções.

Meus "Fantasmas"

Caso vivamos em um estágio emocional que não nos exija a crença em fantasmas que se materializam neste nosso mundo, podemos passar para um estágio de total descrença no que nos pareça imaterial.

Sempre que essa objetividade e pragmatismo são dominantes em nossa vida é possível que percamos a sensibilidade para ocorrências sutis e, por isso, alguns "fantasmas" nos dominem.

Podemos, sim, viver sob um "encosto", isto é, o "fantasma" de um sentimento que foi gravado em nós por uma vivência que tivemos há décadas, que permanece fora de nossa consciência a maior parte do tempo, e que praticamente determina nossas ações (atitudes) sempre que nos defrontamos com uma situação que nos remete àquela já vivida. Não é raro viver sob o domínio desses "fantasmas" do nosso passado.

Tenho uma dica simples para descobrir se isso está acontecendo: verifique o seu dia a dia e identifique situações em que sua reação foi desproporcional a um fato ocorrido. É simples assim. Se a sua reação diante de determinadas circunstâncias é sempre desproporcional ao fato, você não está reagindo ao fato e sim ao "fantasma" de um sentimento (do passado) gravado em suas lembranças.

Isso pode ocorrer no trabalho, nas relações sociais – amizades, família –, mas é frequentemente bem mais perceptível (e pernicioso) nas relações afetivo-sexuais duradouras.

Sendo um pouco mais cru e direto: são esses "fantasmas"

os responsáveis por provocar a maioria das separações de casais. Por quê? Porque a presença desses "fantasmas" faz com que o casal não se relacione entre si e sim cada um dos componentes se relaciona com um (ou mais) de seus próprios fantasmas.

Um exemplo prático? É comum que a esposa, sempre que o marido se mostra irritado, diga (quase gritando): "Não grite comigo!". Essa esposa praticamente antevê o marido gritando através de um "fantasma" que está no seu passado. Nesse exemplo a esposa reage apenas dizendo para o marido não fazer algo (gritar), porém ela pode reagir de outras formas – mais fortes, contundentes, agressivas, ou se inibir, se magoar – diante desse grito-fantasma que de fato pode não ter ocorrido. Ela revive uma situação já vivida no passado e seu "sangue ferve" ou ela se anula. Pior: ao reagir a um suposto grito, ela está indicando algo que a incomoda (e que aceita, mesmo que na negação), gerando essa nova forma de relacionamento (gritos).

Não é incomum que alguém use expressões como "fiquei fora de mim" ou "não sabia o que estava fazendo" ou mais simples, como "extrapolei". O pior é que em situações similares voltará a "extrapolar" e repetir um comportamento do qual se arrependeu há pouco tempo. Se está acontecendo, vá cuidar disso o quanto antes!

Defrontar-se com os próprios "fantasmas" é uma forma de tirar o seu poder. Desmascará-los (tirar o seu lençol) elimina seu domínio, o que nos permite olhar e ver novamente o companheiro(a) que escolhemos e, a partir daí, voltar a nos relacionar com ele(a).

Acontece que tirar o lençol desse fantasma pode nos deixar momentaneamente nus. Pode ser desagradável para algumas pessoas, principalmente diante do(a) companheiro(a). Todos temos nossos fantasmas. Eles são parte da nossa história e da nossa formação. Precisamos é recolocá-los nos seus devidos lugares e nas suas reais dimensões, com nossa visão adulta. Eles são perniciosos, perigosos apenas quando são vistos com nossos olhares infantis.

Sexo

O impulso sexual é fundamental à vida e no ser humano a atividade sexual se revestiu de roupagens belas, caras e complexas.

Além da função reprodutiva, as relações sexuais propiciam do mais simples e concreto prazer aos mais elevados sentimentos de integração (e fusão) com o "outro". A objetividade que a sociedade atual exige de nós ressalta a importância primeira da atividade sexual: o prazer. Sexo não é só prazer. Apenas por ser um meio de satisfação física já podemos admitir a importância da atividade sexual, porém esse é o aspecto menos nobre, se comparado ao seu potencial de gratificação. Talvez também pela objetividade e imediatismo, o sexo expande sua função de "moeda de troca" às pessoas dos mais diversos níveis de informação e de compromisso relacional.

Na relação conjugal esse fator era, na era moderna até o meio do século passado, regulado pela distinção dos papéis entre os gêneros. Com a equiparação socioeconômica feminina, essa regulamentação caiu por terra e a atividade sexual ganhou grande destaque nas disputas intracasais. Conscientemente ou não, utilizamos o sexo como moeda de troca, arma em disputas, objeto de disputa, objeto de pressão, chantagem e extorsão.

Na terapia de casais, não é raro que a questão sexual seja o pano de fundo de insatisfações que aparecem sob outras roupagens. Resultados de pesquisas recentes causaram polêmica ao apontar o elevado índice de mulheres que disseram preferir um pedaço de chocolate a uma relação sexual. À primeira vista, esse resultado confirma um débito feminino em relação ao padrão masculino que se afirma como portador de necessidade sexual mais intensa e frequente. Um olhar mais atento revela, no entanto, que a mulher frequentemente se ressente da desatenção do cônjuge, mesmo que se mostre com menor disposição para a relação sexual. Seria correto inverter algumas palavras dessa frase e dizer de forma diferente, como: "Um olhar mais atento revela que a mulher se mostra com menor disposição para a relação sexual *porque* se ressente da desatenção do cônjuge (não o sente como relativo a ela, como citamos anteriormente)".

Paralelamente, não é difícil encontrar também homens que optam pela cerveja com os amigos ao invés de um relacionamento mais íntimo e/ou intenso com sua companheira. Vamos alterar também algumas palavras dessa frase: "Paralelamente, não é difícil encontrar também homens que optam pela intimidade com amigos ao invés do simples sexo com a esposa.".

A mulher, como em um desafio ou retaliação, revela que prefere chocolate ao sexo, porém já há algumas décadas o homem vem priorizando o trabalho – o peso e importância deste suplanta significativamente a vida familiar – sob uma justificativa aparentemente óbvia, mas distorcida, de que o trabalho é "para" a família, como se fossem campos mutuamente excludentes.

Nessa guerra entre os gêneros deveríamos incluir o fato de que o número de homens que optam por fazer sexo com outros homens é muito superior ao de mulheres que optam por relações homossexuais (assumidamente).

O que está acontecendo? Talvez seja o momento de observar a vida conjugal com mais atenção (e afeto). Com a equiparação entre os gêneros surgiu a afirmação feminina de não querer sexo em alguns momentos. Considerando o aspecto "justiça" (o direito/lógica), é óbvio que esse direito deve ser respeitado. Disso surge um outro conflito: o respeito (emocional) pelo não desejo ao sexo *versus* o respeito ao desejo (do outro). O desrespeito ao desejo é fonte de insatisfações, assim como o respeito ao não desejo! Se quem amamos nos deseja, não seria um ato de amor atender esse desejo?

Caso a mulher defina que só fará sexo quando a "natureza" elevar seu desejo, isto é, uma vez ao mês, e o homem definir que só fará sexo aos domingos, quando estará mais descansado, esse casal fará sexo uma ou duas vezes ao ano!

Sexo não é apenas receber (prazer), mas também dar. Sexo não é alcançar seu próprio e exclusivo prazer, mas *obter mais prazer com o prazer do outro*. Sexo é dominar, seduzir, entregar e receber. Sexo, além disso, é forma de reafirmarmos uma aliança através da entrega de si mesmo. Sexo é uma das formas de alcançar o *encontro* com o *outro*. Em função disso, é desnecessário pensar em sexo no casamento, pois o sexo é parte dele e a qualidade da relação o define, principalmente quando ele deixa de ser a "estrela principal" e aceita ser consequência da troca de afeto e um permanente namoro.

Quem Começou?

Depois de uma briga não é incomum não sabermos quem começou, quem foi o responsável, quem se descuidou. Uma briga é uma reação emocional a algo imediato e presente ou a algo antigo e existente apenas nas falhas contratuais de um dos parceiros. Depois de iniciada, porém, nossa consciência busca apoio na razão (raciocínio lógico) e encontra justificativas para a ocorrência. Quando ambos são combativos, a batalha se prolonga, se avoluma; pode durar horas e a mágoa pode durar dias ou anos, a intensidade pode crescer, se abrandar e retornar à placidez ou levar ao impulso cego do orgulho ferido, que pode provocar uma separação.

Temos dificuldade em aceitar que agimos influenciados por algo que escapa à nossa consciência. Aventar essa possibilidade nos torna inseguros: "não estou no controle?". A forma de encarar esse fato inegável poderia ser diferente, caso tivéssemos um pouco de humildade e admitíssemos que somos maiores do que aquilo que conhecemos (aquilo de que temos consciência). Há muito de nós mesmos que desconhecemos porque muito do que somos está apenas em nosso mundo emocional.

O casamento, e chamo assim às uniões afetivo-sexuais duradouras, frequentemente expõe esse aspecto através da dualidade "vínculo x autonomia". Uma união afetivo-sexual duradoura não se contrapõe à autonomia individual. O oposto de vínculo não é liberdade, assim como o oposto de autonomia não é união. Vínculo e autonomia podem (e talvez mesmo, neste momento social, devem) coexistir, porém é frequente encontrar sofrimento emocional devido a uma sentida opressão em função de um desejado vínculo.

Diz-se que o vínculo gera dependência; pode ser que sim, mas talvez seja melhor dizer que o vínculo implica, como em qualquer troca, uma contrapartida. A responsabilidade que surge em relação a quem nos vinculamos pode ser percebida como uma prisão que limita nossos passos. Como se o problema fosse o antagonismo entre dependência e independência, a ambivalência afetiva fica cindida entre o vínculo e a autonomia, gerando uma crise conjugal.

O tamanho dessa crise é variado. Ela pode inflar ou se reduzir, mas a principal questão é que toda a dinâmica ocorre no escuro: no inconsciente – no campo emocional onde habita nossa história, nossa formação psicoemocional. O fato de que os componentes da maioria dos casais desconhecem os processos inconscientes e de certa forma se alheiam dos sinais emocionais justifica que, diante da crise conjugal, busquem um psicoterapeuta de casal que possa auxiliá-los nesse terreno inicialmente obscuro das emoções, habitado pelos fantasmas do passado.

Geralmente, são esses fantasmas criados nas nossas vivências (na infância muitas vezes e reforçados posteriormente) que dão o tom desse espetáculo no qual os diálogos sempre apresentam conteúdos díspares: um fala e o outro não ouve, respondendo em seguida sobre algo que não foi dito. Isso tudo com sinais evidentes de inconsciência, sendo o maior deles a resposta repleta de emoção e, naturalmente, fora de controle. Não se trata de pontos de vista reais e eventualmente antagônicos e mutuamente excludentes.

Ironicamente, os pressupostos de nossas conclusões lógicas, que acreditamos serem "a verdade", são predisposições emocionais que na maioria das vezes preferimos negar, o que implica que conclusões diferentes das nossas sejam tomadas como erradas/falsas.

A relação afetivo-sexual duradoura, ao invés de amorosa, pode se encaminhar, lenta e imperceptivelmente, para uma relação na qual o sentimento de insatisfação se instala e comportamentos de retaliação à fonte do "desamor" sentido definem o que é conhecido como "guerra conjugal".

O medo que temos dessa "guerra" pode levar-nos a evitar o casamento como se a culpa fosse dele (e não nossa!). Da mesma forma nos separamos, como se a culpa fosse do "outro" (e não nossa!).

Em uma primeira análise, podemos entender, sim, que isso seja assim, já que sem o oponente não há guerra. A falha está em considerar que a pessoa "x", com quem nos relacionamos, é a fonte da tal "guerra"; não é.

A "fonte" é o tipo de relação que estabelecemos com o "outro", seja ele quem for!

Também nos é confortável pensar (em nosso natural egoísmo) que... "bem, a pessoa com quem me relaciono não é capaz de aceitar uma ou outra de minhas deficiências relacionais e uma outra pessoa pode ser capaz".

Sim, é possível, porém essa outra pessoa poderá aceitar essa deficiência específica e não conseguir suportar uma outra que "a pessoa" anterior conseguia aceitar. Resumo: tudo continuará "como dantes...".

Jogos

Um jogo tem regras (e os dois as seguem). Um jogo se repete muitas e muitas vezes. Em um jogo sabemos "como" as coisas vão acontecer. Um jogo começa e termina sempre do mesmo jeito. Um jogo é um modo de se relacionar. Qualquer um pode começar o jogo, mas às vezes é o mesmo que começa. Um dá um lance e o outro precisa rebater. Pode se iniciar de forma inocente como:

— Você me ama?

— Você ainda me ama?

— Você nunca diz que me ama!

Ou de modo mais ousado:

— Aonde você foi ontem?

O objetivo final é "vencer": "Eu estou certo (a) e você está errado(a)! Esse "vencer" é comprovar como o outro não está atendendo às minhas necessidades nesse relacionamento. Um jogo frequentemente termina em briga e ambos sabem disso mesmo no meio do jogo.

"Eu não faço isso; só se for *muuuuuito* inconsciente!". O problema, acredito, está ligado ao termo que usamos: "jogo". Um jogo pressupõe regras, estratégias, e isso implica estarmos conscientes de que estejamos jogando. Os jogos que acontecem na grande maioria dos relacionamentos, ao invés disso, são absolutamente inconscientes, isto é, não percebemos que estamos jogando até aprendermos o que são os jogos e observarmos como entramos neles.

Eles surgem e se mantêm, suportados por interesses conscientes legítimos, inclusive visando o "bem" do outro e/ou o bem do relacionamento, e assim as ações e atitudes são justificadas e justificáveis, além de "meritórias" na maioria das vezes. O resultado geral, no entanto, é um jogo no qual ambos saem perdendo.

Em função de estarem fundamentados em nossas crenças, valores, princípios – no nosso "modo de ser" –, os jogos acontecem em praticamente todas as nossas relações. Nas relações mais distantes e/ou formais, os jogos são mais conscientes; nas amizades mais íntimas, os jogos conscientes se reduzem e continuam acontecendo os inconscientes, que tendem a provocar menos estragos, pois é frequente que haja a consciência de que o outro é "outro" e, com isso, tendemos a estar mais conscientes da necessidade de mantermos o "respeito" à individualidade.

Uma pausa nos "jogos" para uniformizarmos um pouco nosso entendimento sobre o "respeito". Relacionamentos íntimos implicam a união emocional pela identidade de valores e/ou complementariedade de características/habilidades (gostam das mesmas coisas e/ou um fala nos momentos em que o outro é mais reservado). Quanto maior é a intimidade, mais fácil é a diluição da noção de respeito ao "outro", pois o sentido de "outro" já está diluído (o "outro" é quase parte de nós mesmos).

Isso é mais fácil de ser observado nas relações entre pais e filhos (mães, para ser mais específico). Lembro-me de um episódio ocorrido quando eu tinha 6 ou 7 anos de idade: dei uma pastilha de goma de mascar a uma criança de uns 4 anos. Esse "chiclete" tinha aquela cobertura rígida de açúcar e a criança o deu à mãe para que o mastigasse – assim que a cobertura de açúcar foi desfeita, a mãe tirou o "chiclete" da boca e o colocou na boca da filha. Meu sentimento: nojo! A menina não gostava da cobertura açucarada e a mãe a desfazia. Não há nojo nessa relação pela intensa união que existe entre a mãe e seus filhos; da mesma forma, o respeito à identidade do outro é muito tênue e quase inexistente. Mais tarde, a rebeldia adolescente na busca da própria identidade tem também a função de provocar algum distanciamento entre pais e filhos e abrir um maior espaço ao "respeito" à identidade do outro (do filho que passará a ser "distinto" dos pais).

Você respeita quem o respeita? Na nossa cultura aprendemos a temer quem nos desrespeita, ou melhor, quem invade nossa privacidade sem que possamos fazer o mesmo, e podemos entender isso, erroneamente, como "respeito". Foi assim até há poucas décadas nas relações de trabalho: o "chefe" era respeitado porque tinha o poder de nos desrespeitar. Um "chefe" que respeitava a individualidade de seus "comandados" perdia a "autoridade" (e possivelmente seu cargo de comando). Ultrapassar os limites da individualidade foi então uma forma de exercer o "comando".

Nas relações de afeto acontece algo parecido: ultrapassamos os limites da individualidade muitas vezes porque queremos o melhor para o outro e o "melhor", é claro, é aquilo em que acreditamos, é a "nossa" visão de mundo. O melhor é o que vemos e como vemos e não o que o "outro" pensa, vê, acredita! É muito fácil, por isso, desrespeitarmos, ultrapassarmos o limite da individualidade do "outro" quando nos unimos a ele.

A redoma pode ser vista como proteção e também, na sua outra face, como limite. Ela dificulta a expansão, o desenvolvimento.

Você respeita quem te ama?

Voltemos aos jogos:

Os pais, com a melhor das intenções e com o objetivo de que o filho adolescente "cresça", desenvolva sua identidade e se torne "responsável", podem promover um afastamento emocional (vínculo de que ele ainda precisa), porém manter o controle e tomar decisões por ele. Um "jogo" então pode ser criado, no qual os pais permitem que o adolescente faça escolhas. Essas escolhas feitas por ele "testam" a suposta liberdade que estaria ocorrendo (vínculo emocional) e, diante dessa escolha-teste, os pais exercem seu poder de veto para "proteger" o filho, gerando conflitos frequentes e intermináveis.

O mesmo se dá nas relações afetivo-sexuais duradouras: posso querer que o "outro" seja independente, mas o supro e o protejo de forma a impedir que ele vá em busca da independência. Enquanto isso, o "outro" se mostra agradecido e prestigiado por essa "proteção", reforçando-a. Externamente se veem então o comando e a dependência, assim como, em alguns momentos, a tirania que se alterna com a crítica à dependência. Nesse quadro, entre os diversos resultados possíveis, podemos ver dois que se destacam:

1. Um que se sacrifica (e comanda) e o outro que usufrui (e segue).
2. Um que critica e cobra mais ação e o outro que se queixa da dominação (e cobra mais "espaço").

Ambos, apesar do que é explicitado conscientemente, continuam a jogar esse jogo inconscientemente.

Dirigir o automóvel pode ser uma boa metáfora que identifica eventuais jogos que possam estar ocorrendo. Quem dirige o carro está "no comando", então:

- Só um dos cônjuges dirige?
- Só um dos cônjuges dirige quando ambos estão no carro?
- Há um revezamento apenas em situações especiais?
- O revezamento praticamente nunca acontece?

E no restante da vida a dois, há queixas ou críticas nessa questão "dependência/independência"?

"Jogamos", sim, frequentemente e muitas vezes não temos consciência disso. As brigas constantes podem seguir um mesmo roteiro, ter as mesmas etapas, isto é, sabemos as "regras" do jogo e as seguimos... e odiamos isso. Como sair? Tomando consciência do jogo.

Família: Amor e Ódio

Há muito tempo, num reino nada distante, as pessoas (mais frequentemente os homens) tinham orgulho de "possuir" uma família.

Naqueles tempos a família era uma posse mais ou menos como de um carro, que poderia ser reluzente em seus metais – um carro de luxo, do ano... ou não.

Havia naquela época o sonho de *ter* uma família. Para o homem, uma linda mulher, delicada, prendada e filhos, vários, limpos, arteiros, alegres e inteligentes. Como pano de fundo, uma casa grande, bonita e limpa.

Para a mulher, o sonho era, em primeiro lugar, os filhos, uma casa com um belo jardim e uma cerca branca, além de um marido também limpo, cheiroso e bom provedor.

Esse sonho refletia o desejo do *si mesmo*, isto é, o "desenho" que atribuíamos à família desejada, espelhava o desejo de *como gostaríamos de nos tornar*. Hoje tudo mudou, mas nesse aspecto continua exatamente igual, com exceção de que, no nível consciente, explicitamente negamos isso ao negar a família tradicional, ao negar o casamento, ao negar a formalização de uma união, ao negar filhos etc.

Alguém hoje se arrisca a dizer que deseja construir uma família? Sim, talvez você, mas são poucas as pessoas que admitem isso. Esse sonho aparentemente acabou, não se sabe exatamente quando, e foi substituído por outros com menor risco de "dar errado". Assumiu-se ou que essa utopia deveria ser abandonada, pois raramente se realizava, ou que esse sonho não fazia mais sentido, já que surgiram muitas coisas novas que dão prazer e não custam tão caro (ou não doem tanto). A família tornou-se algo indesejado; desejá-la tornou-se fonte de vergonha. Por quê?

Vamos considerar não a família que alguém construiu, mas aquela na qual nascemos e não temos nenhuma "culpa" de estar nela. Frequentemente ela não corresponde adequadamente às nossas expectativas financeiras, assim como amiúde não se mostra com a aura de harmonia que gostaríamos de vivenciar ou mesmo ostentar. Quando nos damos conta da realidade mais concreta, percebemos também que ela é fonte de limites e outros incômodos e desprazeres.

Com esses antecedentes, por que arriscar? "Laços de família" nos parecem hoje como algemas, correntes, grilhões que não apenas nos prendem, mas principalmente nos machucam (e obviamente fugimos da dor como se essa fuga fosse o objetivo da nossa existência).

Por que nos machucam?

Estejamos ou não conscientes, esses laços ou grilhões nos ferem porque estão em nós. Estão dentro de nós e não nas outras pessoas que chamamos de familiares. Não há como fugir deles! Eles nos mostram que, caso tentemos, vamos construir a nossa família, dessa mesma forma (na verdade, de maneira semelhante, mantendo os traços mais importantes).

Por outro lado, a negação da necessidade que temos do "outro" gera um conflito aberto, porque sentimos ódio dessa necessidade e culpamos o "outro" por precisarmos dele.

Os países nos quais a religião e o poder político são unificados lutam em uma feroz batalha em defesa da família, por meio de regras rígidas. Na Europa Ocidental, em geral são respeitados os estudos mais recentes sobre o tema e se buscam novas formas de gerar suporte ao desenvolvimento saudável das crianças. Nos Estados Unidos da América sentem na carne a nocividade das deformações que o desenvolvimento inadequado provoca nas pessoas.

Mesmo não frequentando as páginas policiais, eu e você, que não matamos nenhuma criancinha, não torturamos ninguém, não ateamos fogo a nenhuma família após um assalto, nem a nenhum indigente na madrugada em praça pública; nós que não agredimos nenhuma doméstica nem atiramos a esmo em um cinema, nós que nem mesmo convidamos amigos para assassinar nossos pais, nós também temos traços desse conflito interno, bem como nossas cicatrizes que incomodam no sapato ou num colarinho um pouco mais apertado.

Mesmo aquele amigo que se mostra absolutamente feliz em seu individualismo produtivo e sincronizado com o turbilhão da sociedade moderna, vez ou outra ajeita o cinto, para aliviar a fricção deste sobre um nódulo no quadril.

Se o sonho acabou, por que mesmo assim a família retorna vez ou outra como um fantasma no qual não acreditamos, mas que eventualmente surge no espelho ou em um som difuso no meio da noite? Afinal, não vamos nos livrar desse espectro? Possivelmente não no curto e médio prazos, pois, mesmo que ela não exista com aquele desenho tradicional, continuaremos a ser frutos dela e tentaremos inconscientemente reproduzi-la, seja com qual roupagem ela se apresentar. É um sonho do qual não nos lembramos, *pero* que sonhamos, sonhamos. É também dessa forma que a necessidade do "outro" se faz presente.

Podemos negá-la, como escreveu Chico Buarque:

Quero ficar no teu corpo feito **tatuagem**
Que é pra te dar coragem
Pra seguir viagem
Quando a noite vem
E também pra me perpetuar em tua escrava
Que você pega, esfrega, nega
Mas não lava

Ela permanecerá em nosso corpo, coração e alma, pois somos em parte ela.

A prova mais visível e inquestionável de que ela impregna nossas mentes é que, ainda que a neguemos, vamos criando mil e uma novas maneiras para pretensamente destruí-la e, ao invés disso, a reproduzimos tacanhamente, como nos desenhos infantis.

Começamos a suposta destruição adotando o casamento informal, passamos para o casamento "aberto", a mistura dos papéis, restringimos a procriação, recorremos ao distanciamento afetivo e físico. E sempre, por maior que seja a invencionice para distinguir, reproduzimos a essência da família: alguém que sai em busca de alguém e juntos criam sonhos (e frequentemente filhos). Podemos estabelecer um relacionamento homossexual e isso garantirá que não teremos filhos (indesejados), mas mesmo assim o padrão permanece inalterado.

Corremos, mas não conseguimos escapar, porque tentamos fugir de nós mesmos; não dá!

A "individualidade" parece ser um valor extremamente grande, por se ligar à liberdade e ao livre-arbítrio. Em função desse enorme valor atribuído à individualidade, não admitimos nosso vínculo com o passado (com nossa família = nossa *formação*) e agimos como se, nascidos de uma laranjeira, desejássemos produzir pêssegos.

Já faz mais de um século que temos essa informação de forma mais precisa, pesquisada e codificada, mas ainda não nos convencemos que "eu" não sou exatamente e propriamente "EU"; eu sou a soma das minhas vivências e elas têm a cara da minha família e a prova são as marcas que trago, como, por exemplo, o meu impulso em direção ao "outro". Dessa forma, tenho como "destino" recriar aquela "minha" família.

Bem, além da vergonha de "EU" não ser eu, há também o medo! Tempos difíceis os atuais. Temos vergonha de como as coisas estão se dando e medo de reproduzir o que somos, e medo do "outro". Medo do "outro"! Medo de não conseguirmos executar o aperfeiçoamento que é necessário à (re)produção da "família", o que é nossa tarefa primordial e da qual buscamos fugir enquanto a perseguimos!

Acredite: a tarefa pode ser realizada e, se houver consciência, o resultado será sempre bom. O orgulho resultante não precisa mais ser o da "posse" e sim da real e legítima *realização*.

Ciúme ou Inveja?

Sim, são coisas diferentes, mas é comum tomarmos uma pela outra porque o ciúme é socialmente mais aceito que a inveja.

Em sua origem, "inveja" quer dizer "olhar exageradamente" e, sem uma maior preocupação com a precisão, poderíamos dizer que o ciúme tangencia a inveja.

Embora não seja difícil identificar um e outro, não é fácil admitirmos que estamos sentindo inveja da pessoa que acreditamos amar!

"Olhar muito para o outro" pode fazer com que julguemos que ele está "bem demais". Se estiver "bem demais" em companhia de alguém que talvez lhe seja atraente, *podemos ficar* inseguros, com medo de "perder", ser trocados(as). Costumamos chamar de ciúme esse sentimento. Quanto mais seguros, felizes, "tranquilos", estivermos (em relação a nós e ao nosso par), menos ciúme sentiremos.

Se estamos intranquilos, infelizes, inseguros, se nossa autoestima é insatisfatória, olhamos em demasia para nosso par e ficamos *permanentemente* com medo de perdê-lo. *Basta que o outro se mostre feliz* com qualquer outra coisa ou pessoa (que não nós mesmos) para que fiquemos infelizes! A isso chamamos inveja.

Um casal consegue conviver se um fica infeliz quando o outro está feliz?

Você sente ciúme por ele(a) ter ido à academia? Ao *happy hour*? Quando ele(a) brinca com um cãozinho? E quando ela fica olhando ternamente e brincando com seu filho? E quando ele(a) fica até mais tarde no trabalho, sente-se trocado(a)? Isso *não* é ciúme!

É claro que essa é uma descrição hipotética, pois essas situações podem ser indicadores de que algo não está bem entre o casal e indicar que se deve buscar elevar a qualidade do relacionamento e não temer pelo comportamento do outro. Essas situações citadas podem servir para encobrir uma traição, mas nesse caso deixou-se que o relacionamento ficasse muito deteriorado.

Uma outra forma de diferenciar a inveja do ciúme é verificar: sou capaz de me envolver, de me entreter, de me sentir bem, feliz com outras coisas/pessoas (como meu par é capaz)?

Quase todos os pares formam uma relação complementar, em que um atende a alguma necessidade do outro (o complementa), porém alguns pares formam um relacionamento parasitário, no qual um vive apenas pelo que o outro oferece. Nesses casos, a inveja doentia é quase uma certeza e são frequentes decorrências como desconfiança permanente e acessos de cólera. Alguns casais fazem disso um jogo e convivem com essa baixa qualidade na relação, mas o mais frequente é que o relacionamento se rompa.

Não Tenho Sangue de Barata!

"Não levo desaforo para casa"; "Tenho sangue italiano" (ou espanhol, latino, russo etc.); "Sou esquentado"; "Tenho pavio curto"; "Meu sangue ferve"; "Perco a cabeça"; "Saio de mim"; Fico cego". É enorme a lista de frases "bonitas" que tentam enobrecer, embelezar, esconder, justificar o descontrole emocional.

Uma das inteligentes medidas no âmbito psicossocial, do poder público, é a campanha "Conte até dez", promovida pelo Ministério Público. Ela surge pela observação de que 83% dos homicídios no estado de São Paulo são praticados por impulso e motivo fútil.

O resultado imediato da campanha pode ser pequeno ou mesmo inexistente, porém é preciso começar, divulgar, debater e desmistificar (e desmitificar) primeiramente o "eu sou assim". Não, não "é". Mais de 90% da impulsividade elevada e explosividade existem apenas como parte da formação do indivíduo, o que quer dizer em palavras simples: aprendizagem. "A vivência na primeira infância forma a base da 'matriz de relação' e vai definir como o adulto se relacionará com o que lhe é externo", escrevi no meu livro *O Poder dos Pais no Desenvolvimento Emocional e Cognitivo dos Filhos*.

Aprendemos a responder com a força (física ou das palavras) quando vivenciamos isso na nossa origem. Depois... nos acostumamos com isso e preferimos, quando lamentamos os resultados, dizer que "somos" assim.

Os dados do Ministério Público indicam os 83% dos homicídios em São Paulo por impulso e motivos fúteis e também que, no Acre, esse índice é de 100%! Como pode? Naturalmente há a questão cultural, além do critério de classificação.

Parece mais fácil responder com toda a carga emocional ao sentir os "brios" feridos. Essa resposta "forte" pode também satisfazer o ego. Precisamos aceitar, porém, que é uma atitude emocional (burra) e não racional (inteligente) e nos empenharmos em mudar isso porque (na grande maioria dos casos) não somos assim; estamos assim.

Não quero colocar nessa frase uma hierarquia que indique que o raciocínio é superior às emoções. Não. As emoções são fundamentais para sermos "humanos". Só quero dizer que as emoções não precisam ter prioridade ao respondermos a um estímulo externo.

Quem comanda suas atitudes, quero dizer, a sua vida? Se for a emoção, deve ser difícil manter um relacionamento duradouro (e/ou estável) com você. Se for a lógica, você deve ser um chato e se orgulha de ser inteligente e estável.

Se a sua vida for comandada em comum acordo entre a razão e a emoção, você é sábio e feliz.

Não somos apenas seres racionais; somos também animais, isto é, emocionais. Emoções são parte (importante) de cada um de nós. Aprendemos, no entanto, a lidar com as próprias emoções de maneiras diferentes.

As pessoas, em função da sua formação (vivências, principalmente na infância), podem ser mais ou menos emotivas, mais ou menos ansiosas e também mais ou menos impulsivas. Normalmente se ouve dizer que "mulheres explodem". Sim, algumas mulheres (não muitas, mas mais que os homens) reagem "despejando" o que estão sentindo. Algumas, mais recentemente, pelo uso de substâncias (algumas proibidas) contidas em "medicamentos" para emagrecer. Homens não "despejam" emoções e sim vão "traduzindo" as emoções em estratégias e argumentos; se magoam, às vezes profundamente.

Informar ao seu par o que está sentindo é não só importante; é fundamental! Despejar as emoções sobre o outro é... perigoso (para dizer o mínimo).

Podemos reagir de maneira diferente? Naturalmente! A frase "Eu sou assim" serve apenas para acobertar a falta de empenho em crescer, desenvolver-se, melhorar. Pense: eu "estou" assim. Eu ajo assim, mas posso melhorar e agir diferente!

Compartilhe com seu par os seus sentimentos, emoções. Informe o que está sentindo. Isso aproxima, fortalece o vínculo. Só assim ele poderá ajudá-la(o) a lidar com suas emoções.

Nossos Quintais

Ela falava do quanto era difícil dirigir com ele ao lado. Na verdade, ela tinha desistido de dirigir quando estavam juntos, porque era uma "tortura".

O que ela relatou não é muito diferente do que ocorre com inúmeros casais: ele ficava orientando-a e mostrando como ela poderia fazer melhor, preservar mais o carro etc. Na fala dela, no entanto, ele ficava criticando, apontando os erros e mostrando o quanto ela errava.

Naturalmente, não era assim *light* como se fosse apenas uma descrição; doía, tanto que ela chorou ao relatar como acontecia.

Passei então a "devolver" o que estava acontecendo, descrevendo a intenção e o modo racional como Jorge (vamos chamá-lo assim) via seu comportamento, de ajudar e contribuir para que a (digamos) Lucia aperfeiçoasse seu modo de dirigir o carro, e ligando isso à forma como ela era atingida (emocionalmente). Talvez o modo como Jorge falava provocasse na Lucia sentimentos que podiam nem mesmo pertencer àquela conversa e sim a alguma outra, importante, em seu passado.

Eu ainda estava tentando repetir, de outra maneira, em outras palavras, o vínculo entre a proposição racional do Jorge e a resposta emocional da Lucia quando ele interrompeu minha fala, dizendo:

— Eu sei bem o que ela sente. Sinto isso o tempo todo. É não ter espaço; é sentir-se invadido, com tudo o que você faz sendo alvo de crítica. Ela é assim. Se vamos jantar fora, ela fica perguntando: "Por que este restaurante e não aquele?" "Por que você não pediu x? Você não quis a carne por quê?" Como ela disse: é uma tortura!

Percebi que estávamos prontos para lidar melhor com isso e que, com um pouco de exercício, poderiam abrir mais espaço para o "outro".

Quando realmente "encontramos" alguém, permitimos que ele entre em nosso quintal e em nossa casa. Podemos tirar a cerca e unir nossos quintais. É saudável também que o "outro" nos ajude a cuidar do nosso jardim. A coisa *pega*, porém, se o "outro" arranca nossas roseiras para plantar seus pés de couve.

Mesmo no casamento, o "outro" continua sendo o "outro"; mantém sua individualidade e seu modo de ser, suas idiossincrasias. Respeitar o outro não é nada fácil, principalmente em determinadas situações É um exercício constante permeado por vários pedidos de desculpas!

O Medo de se Entregar

Sem lições e sem mestre conseguimos, com muita facilidade, ferir a quem amamos. Os motivos são muitos. A falta de habilidade é o primeiro que nos ocorre, porém não é o principal nem mesmo, talvez, o mais frequente.

Para compreender por que isso ocorre precisamos harmonizar o que entendemos por "amar". Primeiro, precisamos entender que "ser amado" é uma necessidade básica do ser humano e essa necessidade determina nosso comportamento. Em seguida, é preciso haver o consenso de que "amar" pode, sim, ser um sentimento, mas adquire existência ao ser expresso. É fácil compreender também as dificuldades de viver um grande amor, em função do ambiente (turbulento) social no qual estamos vivendo. "Ninguém é de ninguém" é a expressão que nos protege e, veja, racionalmente ninguém é realmente de ninguém.

O fato é que, mesmo sem termos consciência disso, na adolescência seguimos pegadas indelevelmente marcadas na direção da construção de um castelo ainda invisível, mas não temos a delicadeza e o cuidado necessários em respeito ao "outro" e vamos, por isso, invadindo seu espaço e transformando as cercas em muros intransponíveis.

Há ainda os jogos, os sentimentos-fantasma, enfim, "são demais os perigos desta vida".

Vivemos, desde o nascimento, inúmeras experiências que moldaram nosso modo de ser.

É em função dessas nossas vivências e desse nosso "modo de ser" que temonos nos entregar, temonos ficar "dependentes" do outro, tememos a vulnerabilidade porque já sofremos. A forma de escapar dessa armadilha é simples: negar essa entrega, defender nosso "espaço", manter uma certa distância "para poder respirar", afirmar com todas as nossas forças a nossa "independência" e "liberdade individual".

Temos medo de perder nossa individualidade (como se a individualidade cercada desse medo todo fosse significativa). Por meio dessa aparente autoafirmação fundamentada apenas em expressões "bonitas", escondemos nosso medo e expressamos desamor, machucando a quem acreditamos amar.

São inúmeras as formas de expressar um desamor pelo medo da entrega. O individualismo pode ser facilmente identificado em sua maioria, mas o exibir-se para ser alvo dos desejos de outras pessoas é o mais óbvio; viver situações de "disponível" também. Cercamo-nos, por meio do interesse que outras pessoas demonstram por nós, da garantia de que não somos dependentes de ninguém e não sofreremos caso nosso par nos deixe. É como ter um guarda-chuva à mão. É como ter sempre um estepe cheio, caso um pneu fure.

Nosso raciocínio lógico diz que isso é bom; que está correto. Não é possível, no entanto, viver um amor intenso dessa maneira.

Individualidade e Individualismo

Nos casamentos atuais é cada vez mais frequente o desejo de camas separadas, quartos separados, banheiros separados. Nos EUA, onde o culto ao ego é um valor, camas separadas foram a práxis e foi lá também onde primeiramente se divulgou a proposta de casas separadas para os casais.

Intimidade emocional não é uma necessidade e sim uma possibilidade. Não conflita com individualidade, mas não pode coexistir com o individualismo, já que este, como o *poder*, é solitário, e intimidade significa compartilhar aquilo que está na parte "mais interior" do indivíduo.

A intimidade vem se reduzindo na mesma medida em que a sociedade valoriza uma pretensa individualidade que efetivamente está mais próxima do individualismo. É assim que o mais comum atualmente é o individualismo (sob o nome de individualidade) e os limites de aproximação ao outro se distanciam cada vez mais do "eu autêntico". De maneira não intencional e sim por contaminação, essa forma de estar no mundo vai se transportando da esfera social mais ampla para o âmbito afetivo (casal e família).

A individualidade é positiva ao nos permitir a diferenciação e a afirmação do "si mesmo", desde que aceitemos essa característica no outro. A individualidade (indivíduo vem de *individuus* – não divisível) é necessária para a manutenção da vida da mesma forma que a diversidade (das espécies) o é. São as diversas características individuais que enriquecem a humanidade. A individualidade bem definida e forte é um fator importante, não só de atração, mas para a manutenção de um relacionamento. A individualidade, no entanto, não exclui a intimidade porque, conforme desenharam Jung (individuação) e Szondi (humanização), a individualidade coexiste em harmonia com o outro e, principalmente, estimula a intimidade, a troca. O individualismo, este sim, afasta o outro sob os mais diversos argumentos, muitos deles aparentemente bem razoáveis:

- Ele(a) se mexe muito na cama;
- Ele(a) ronca;
- Meu sono é muito leve;
- Ele(a) faz a maior bagunça no banheiro;
- A intimidade quebra o romantismo;
- A intimidade corta a admiração;
- Preciso do meu espaço;
- Algumas vezes preciso ficar só;
- Preciso de privacidade;
- Conta bancária conjunta?

Esses argumentos, se considerados em maior profundidade, acabam por convergir para uma *vergonha de si mesmo* (baixa autoestima) ou *medo do outro* (defesa ou ataque). Há outros, que se aproximam destes na forma, mas indicam também outros motivadores:

- Preciso trabalhar;
- Preciso ter amigos (só meus);
- O que há de errado em um *happy hour*?;
- Preciso fazer *minhas* coisas.

Quanto maior a vergonha de si mesmo ou o medo do outro, menor a possibilidade de troca autêntica e intimidade.

Da mesma forma, a queda do respeito e admiração afasta. Como defesa, quem teme o outro alega ainda o risco de anular-se. Sim, entregar-se apresenta riscos (assim como o não entregar-se). Mesmo nos vínculos simbióticos há o aspecto positivo que é o auxílio mútuo: cada uma das vidas em simbiose contribui para o desenvolvimento da outra. Isso difere significativamente do parasitismo.

A expansão da individualidade e a boa autoestima facilitam a troca, permitindo que haja mais intimidade.

Para a mulher, a intimidade acaba sendo um importante indicador da qualidade do relacionamento. Como no início do relacionamento é mais comum a ocorrência da intimidade (emocional e não apenas a intimidade física), a mulher se ressente de que, com o passar do tempo, ocorra o distanciamento emocional, tomando muitas vezes esse fato como "prova" de que não existe amor. De fato, não existe o comportamento propício para a expressão emocional, por meio da qual se vivencia o amor. O homem, por seu lado, não entende por que a mulher se ressente, já que a intimidade emocional, não sendo item presente na sua formação, não é algo que ele acesse facilmente (e por isso não tem como se ressentir, conscientemente, da ausência).

Ao se rever eventuais dificuldades no relacionamento de um casal, é frequente que a intimidade emocional esteja muito reduzida, se não praticamente inexistente.

Olhar o outro como ele é, respeitá-lo, é um bom (re)começo.

O que vimos até agora seriam os recursos para evitar o distanciamento, mas, antes de colocar tudo isso em uma "fórmula mágica", vamos tratar um pouquinho do *afastamento*.

III
AFASTAMENTO

No Afastamento, a Decepção

São inúmeras as formas de origem do afastamento. Nos distanciamos emocionalmente de alguém quando cortamos a conexão emocional e afastamos essa pessoa do nosso campo de interesse. Como? Por quê?

O motivo principal são as inúmeras demandas concretas do dia a dia que nos farão colocar energia (atenção, cuidado) nessas coisas, desviando nossa atenção do relacionamento.

O segundo fator em importância é nosso ego (individualidade), que traz em si mesmo a necessidade de se diferenciar e frequentemente flerta com o individualismo, fazendo com que o "outro" possa parecer um obstáculo.

Só em terceiro lugar vem o cansaço pelo conhecido, isto é, a queda do interesse sempre que "possuímos" algo. Na realidade tendemos a ser estimulados pelo novo, pelo desconhecido que, depois de conhecido, deixa de nos atrair.

É fundamental, então, o propósito consciente de nos mantermos conectados emocionalmente ao nosso par, caso contrário nossa atenção e interesse serão desviados para as demandas cotidianas. Também concorre para isso a decepção. Ela é frequente nos relacionamentos e acontece nas pequenas coisas. Duas pessoas sempre terão divergências, e é natural que seja assim, em função das diferentes individualidades. Essas divergências, não resolvidas/acordadas, aliadas à falta de sensibilidade, podem gerar pequenas decepções e mágoas... que se avolumam.

No casamento, com o passar do tempo, podemos recuperar algo que chamaremos de "individualidade", mas que na verdade são valores individualistas. Isso aparece frequentemente como a necessidade de "um tempo" para si mesmo. Quando isso acontece, podemos entender que o contato emocional se perdeu. O que se mantém conectado sente o afastamento e vê claramente a distância que há entre eles. O que se desconectou não enxerga, não percebe.

A percepção pode ser repentina, mas a construção do distanciamento acontece aos poucos, em pequenas coisas. O mais comum é o desconforto de nos sentirmos pouco importantes; o "outro" não deu importância ao que falamos, parecia ocupado com outras coisas, com suas coisas. Quando isso ocorre, *não nos sentimos amados*!

Envolvidos com coisas concretas do nosso dia a dia, raramente percebemos (damos atenção) se nos sentimos ou não amados, mas, mesmo sem perceber, a decepção ocorre e reagimos... normalmente nos protegendo, nos afastando.

Por que Terminou?

Socialmente pouco adequada, a pergunta do porquê da separação de um casal acaba sendo feita na intimidade. A resposta na maioria das vezes é muito difícil por uma razão bem simples: com o passar do tempo já não se sabe o motivo, ou o que parecia ser um motivo... perde importância.

Separações acontecem frequentemente no calor da emoção e os envolvidos preferem que seja assim, porque, sem esse calor, ela fica mais difícil de se concretizar. Deixam de atentar para o fato importante de que, mesmo não sendo a (desejada) emoção positiva, a emoção continua determinando a relação. Porém, agora é a emoção "negativa" que define as atitudes.

Apesar do sentimento de liberdade que pode invadir o recém-separado, por sair de uma relação que estava sendo desgastante e ao mesmo tempo estar "livre" para um recomeço, também é comum o sentimento de fracasso. Em muitos casos, esse sentimento de fracasso é bastante justificável porque não foi possível construir a relação conforme se desejou. A falha mais comum é não atentarmos para o fato de que a relação não se desenvolve produtivamente por si só e, ao invés disso, precisa que façamos investimento de tempo e energia para que ocorra o seu desenvolvimento. O pensamento simplista é natural e produtivo, porém ele por si só deixa que a relação se dirija ao acaso; a visão prática – cotidiana – pode fazer com que a intenção e a atitude dirijam de forma benéfica o relacionamento para o destino desejado.

A decisão consciente de manter a relação, aliada à visão

de que a condição presente é insatisfatória, porém potencialmente capaz de ser alterada, é o que pode levar ao desenvolvimento positivo do relacionamento.

Um dos parceiros mudou; para melhor ou pior? Os dois mudaram? Um deles não aceita o crescimento do outro? A comunicação não está ocorrendo? O contato afetivo-positivo já não acontece? Não recebo o que preciso? Sob o peso de sentimentos negativos ou de retaliações no dia a dia, a separação parece ser a "saída". Mas certamente a busca de uma "saída" indica apenas que não conseguimos encontrar um caminho melhor. E o resultado posterior é que o motivo "real" da separação parece ser pouco definido... e irreal!

Em seu aspecto psicológico, a ruptura está intimamente ligada com a quebra da confiança.

Para evidenciar esse vínculo, é necessário lembrar a importância do sentimento de *pertinens*. Em função do processo de Desenvolvimento Humano e da característica de ser humano, por extensão, temos essa necessidade de nos sentir como integrantes ou relativos a alguém/alguma coisa, pois isso implica o reconhecimento da nossa existência/ nosso valor.

A nossa existência é autenticada pelo "outro" a quem somos relativos. Essa relatividade surge inicialmente como dependência no feto e no bebê e vai se transformando aos poucos em relatividade no sentido de ser um componente da família. Assim, a família é percebida como uma entidade; há uma unicidade que extrapola a individualidade de seus componentes.

A criança sente-se como parte de um todo maior e precisa da robustez desse todo, pois é dessa robustez que vem a sua força, o seu valor. Esse sentimento é, naturalmente, inconsciente e permanece de forma mais ou menos intensa por toda a vida do indivíduo. No adulto ele pode ser mais visível em crises conjugais mais intensas.

Os componentes do casal transferem o sentimento de *pertinens* para o cônjuge com a intensidade e consistência desenvolvidas na primeira infância. O casamento reedita, assim, os sentimentos (emoção – inconsciente) desenvolvidos na família original.

Respostas de ruptura podem ter sido incorporadas na relação familiar original e elas voltam a se fazer presentes na relação conjugal, desencadeando reações, no cônjuge, pelo sentimento de quebra da confiança, pois a confiança dá sustentação ao *pertinens*.

Esse conjunto acaba por definir um círculo vicioso no qual uma ruptura que abala o sentimento de confiança de uma criança (inclusive um bebê!) gera a fragilização do sentimento de *pertinens* e permite rupturas na idade adulta (vida conjugal), reproduzindo o sentimento de *pertinens* fragilizado nos filhos.

Algumas vezes pessoas me procuram com a queixa de que seu par se tornou apenas um irmão (ou irmã). Não dizem isso com júbilo, salientando que alcançaram o sentimento de *pertinens*, que finalmente formaram um par! Ao contrário, nas entrelinhas estão dizendo que não há mais erotismo. É difícil explicar que o que esvaeceu foi a paixão, que é o momento de alcançar um outro degrau, crescer.

Essas pessoas estão saudosas da "adrenalina" da paixão, pois não conseguiram construir uma relação mais madura e consciente, amorosa e romântica!

"se a alguém causa inda pena a tua chaga
apedreja essa mão vil que te afaga
escarra nessa boca que te beija!"

(Augusto dos Anjos – Versos Íntimos)

E os Filhos?

Eu fico com o carro
você com o telefone
Aquela foto eu vou rasgar no meio
Na vertical você fica com as crianças
Na horizontal você fica com metade de mim
e eu de você
Melhor queimar a foto
e as crianças?

Crianças aprendem também com as vivências e é por isso que o conceito de família surge bem antes que possamos ensiná-lo pelo raciocínio lógico. Antes as crianças já o incorporaram por meio das suas vivências e da "emoção".

É dessa forma que as crianças "sabem" que os pais são como irmãos: inseparáveis, mesmo que distantes um do outro. São "unha e carne", gêmeos, nasceram da mesma mãe no mesmo dia – são "uma coisa só". Sequer se dão conta de que a mãe de um não é a mãe do outro – sabem, mas não sentem. Isso até que um deles informe que vão se separar...

Muitos pais cometem uma grande violência ao comunicar a separação, por entenderem que isso é um "problema deles", dos adultos, do casal, e criança não entende disso. Realmente não entende, e por isso a comunicação feita de forma inesperada, sobre uma crença instalada e vigente por toda a vida da criança, é uma violência e tem consequências.

Não é bom que a criança presencie um relacionamento tenso, áspero, brigas, porém da mesma forma não é bom que ela seja pega de surpresa com uma notícia avassaladora:

vamos nos separar. Depois disso sempre vêm outras informações como: "Você vai ter duas casas". Ela não quer duas casas – quer uma e consistente.

Além do choque pela informação de algo inimaginável, há ainda a violência da exclusão. A criança faz parte da família e acredita que participa de tudo referente a ela. Descobre, ao receber a informação da separação, que ela NÃO faz parte realmente.

Se a separação é inevitável, as crianças, parte da família, devem ser envolvidas de acordo com o nível de maturidade; a informação deve ser gradual e aquelas com mais idade podem, se não participar efetivamente da decisão, ao menos concluir por si mesmas, em uma conversa com os pais, que essa é uma alternativa adequada diante da situação.

Muitos pais que viveram essa experiência de informar a criança na forma violenta descrita acima concluem que a criança reagiu bem, não está muito triste etc. Porém, a criança fica estupefata e mesmo em estado de choque. Com alguma atenção poderemos perceber que ela fica mais silenciosa, mais responsável ou mais ativa (hiper?), em sua busca de se manter afastada da dor.

O dano não é visível no curto prazo e muitas vezes nem resulta em um sintoma específico no médio/longo prazos, a não ser uma marca indelével em sua matriz relacional. Essa marca pode e deve ser evitada.

O Beco Sem Saída

Frequentemente as relações conjugais podem se encaminhar para um "beco sem saída".

Determinados desentendimentos podem fixar cada cônjuge em posições distantes e supostamente opostas, onde vão, a cada palavra, cavando suas trincheiras e definindo que a única alternativa de aproximação é o movimento *do outro* em sua direção: ego e orgulho impedindo movimentos mais produtivos.

Essa situação, em uma análise lógica superficial, parece mostrar que, para cada um dos contendores, preservar sua posição, seu orgulho, é mais importante do que o relacionamento, casamento, família (se houver filhos), o que quer dizer: a qualidade do relacionamento, o estar bem, feliz, é menos importante.

Dentre os diversos dificultadores dessa situação, um importante é que, quanto mais avançamos em nossas posições, mais difícil fica o voltar.

Isso pode levar a um lugar de onde se torne impossível retornar? Não, impossível não, porém há muitos casamentos que são interrompidos dessa forma: não conseguiram voltar. Muitos e muitos desses casamentos permanecem assim: interrompidos. Não foram desfeitos; a não solução do problema, na grande maioria das vezes indefinível e indescritível, mantém o casamento insolúvel. Em alguns casos ele perdura na raiva, em disputas que muitas vezes são veladas e podem ocorrer por meio dos filhos, inclusive amparadas na recente "guarda compartilhada" destes.

Individualmente, pode ocorrer o agravante da imobilização mais ampla de um ou ambos os componentes do casal, ao não estabelecerem novas relações consistentes e duradouras.

Retroceder assim que surgir a percepção de que estamos caminhando em uma direção onde não há saída é uma atitude inteligente. Retroceder não significa submissão ou aceitação de algo inaceitável. Não significa abandonar valores nem perder a individualidade. Ao contrário, isso pode ser feito de maneira a nos tornar maiores.

Quem deve retroceder? Ambos, mas primeiro o mais inteligente, equilibrado, amoroso.

Minha sugestão: se o outro retrocedeu e pediu desculpas, imediatamente peça desculpas também ou diga que não é necessário pedir desculpas porque você também errou. Nesse momento, não importa a "verdade" ou o que é "justo" ou "correto", e sim a atitude amorosa de não deixar ao outro a responsabilidade total por um desentendimento. Sair vitoriosa(o) dessa situação só aumenta as chances de repetir o ocorrido mais vezes, a cada vez em um menor período de tempo.

Confiar: Não Tem Preço

A traição surge muito antes que uma eventual ação do companheiro provoque a quebra da confiança!

No século XXI, ano de 2009, li uma crítica ao filme *Intersection*, na qual o colaborador do jornal acrescentava seus valores pessoais e sua postura pretensamente "de vanguarda", dizendo: "Vincent ama, simplesmente, e mais de uma. Isso fere o mandamento burguês que exige coerências e desejos únicos".

Penso que essa questão foi esgotada desde o início do século passado com a revolução soviética, com a ação de Wilhelm Reich anos 1920-30-40, com as experiências de "amor livre" dos anos 1960 e 70 e com o "Casamento Aberto" de Nena e George O'Neill, nos anos 1970. Engano-me e acabo sempre me deparando com esses pensamentos "de vanguarda" que acabam de "descobrir" que podemos desejar mais de uma pessoa, mesmo no século XXI. Engano-me porque esse tema não se esgota; ele faz parte do desenvolvimento emocional e boa parte dos adolescentes lida com ele, assim como pessoas já cronologicamente maduras, mas emocionalmente pouco desenvolvidas.

Vamos à questão central: somos capazes de desejar mais de uma pessoa? Naturalmente sim. Podemos gostar de mais de uma pessoa? Obviamente, todos gostamos de várias, muitas pessoas. A natureza humana nos leva a querer eventualmente outras relações? Sim. Devemos então praticar o relacionamento aberto, sem contrato de exclusividade, sem o odioso ciúme? Bem... tente!

Considere: o que você busca? Na verdade, não buscamos uma relação afetivo-sexual apenas – buscamos uma relação afetivo-sexual duradoura. Mais que isso, buscamos, utopicamente, *unirmos* a outra pessoa. Buscamos nos completar, buscamos (em muitos casos) nos reproduzir e isso significa uma outra utopia, que é a *realização*. Podemos viver sem isso? Sim, mas para a maioria das pessoas a vida sem a busca dessa utopia (inconsciente) é insossa e infrutífera.

Não é difícil hoje encontrar pessoas que se sentem incapazes de amar, que têm dificuldade de manter um relacionamento. A questão frequentemente é que essas pessoas têm dificuldade de confiar. "Amar" implica desejar para si e, consequentemente, confiar.

É por esse motivo que a traição tende a ser fatal em um relacionamento ou, no mínimo, provocar um abalo de longa repercussão. A traição, no entanto, nasce bem antes do ato em si; ela muitas vezes é apenas o troco – o pagamento da quebra de confiança sentida, anteriormente, na pessoa traída. Outras vezes está em nossas raízes, isto é, na nossa formação emocional. Nossa história (desde a primeira infância) pode conter a semente que nos faz trair ou sermos traídos.

A traição tende a provocar reações desproporcionais, isto é, as reações são maiores e mais intensas do que o fato em si merece. Porém, essa reação é adequada se pensarmos que ela se dirige não à traição em si, mas à quebra da confiança e do "castelo" que foi construído, romanticamente, a quatro mãos.

A fidelidade, se contratada entre o par, pode ser utópica racionalmente – e mesmo assim deve ser buscada. A relação a dois, um casamento feliz, o relacionamento amoroso, são utopias – e devem ser buscados.

Devemos buscar essas coisas porque tentar alcançar esses pontos supostamente inatingíveis é o contrato, é a aliança, é a parte visível da nossa inconsciente necessidade de confiar, de sermos *pertinens* a alguém e à nossa história futura. É compartilhar e ser cúmplices nessa busca. Essa aliança dá suporte ao prazer de se investir na relação.

Estamos falando de aspectos inconscientes, do nosso mundo emocional e simbólico. Vamos considerar então a brincadeira entre o pai e seu filho de 3 ou 4 anos: o menino sobe na cadeira, depois na mesa e salta em direção ao pai, que o pega no ar e rodopia. Racionalmente é uma brincadeira desnecessária, perigosa e até mesmo pode levar a criança a "aprender" a se jogar, sem medo, e machucar-se. No mundo simbólico, no entanto, os dois estão exercitando seus papéis e reafirmando o vínculo de confiança (e poder). A criança tem, sim, o prazer de saltar, mas também *sente* a segurança que o pai oferece. O pai exerce seu papel de cuidador forte, mas também *prova* que é confiável. Imagine agora essa mesma relação de confiança simbólica entre um casal: poder atirar-se nos braços do outro *sem medo* exprime a aliança, o vínculo, o par; não tem preço!

O Amor Acaba ou Não?

É muito frequente a dúvida: o amor acabou? Ou então a afirmação como sendo uma justificativa: o amor acabou! Não é difícil um esclarecimento.

É bem possível que na pré-história os relacionamentos surgissem por atração ou principalmente por oportunidade. Quando a humanidade se estruturou por meio dos poderes (físico, político, econômico etc.), os relacionamentos passaram a surgir dos arranjos paternos. A nós, do século XX (e XXI), a sensação é de que os relacionamentos sempre surgiram "por amor", e isso não é real. Essa liberdade de escolher o "outro" e a justificativa disso depositada no amor romântico têm menos de 200 anos. Podemos então bendizer esse privilégio, porém ele nos colocou esse novo dilema: a relação "esfriou"; nos tornamos "só" amigos; não há mais interesse sexual; não amo mais; não sou amado(a). É necessário enfrentar essa questão.

Nossos sentidos são seletivos: nossos olhos não veem tudo o que é "visto"; só vemos o que nos interessa. O mesmo ocorre com a audição: há um número enorme de ruídos e não nos atentamos a eles, inclusive porque isso nos ocuparia muito! O tato idem; você não tem consciência do contato da sua roupa com seu corpo (a não ser quando tocamos nesse assunto). Bem, na verdade não são "os sentidos" que são seletivos, e sim nossa mente. Nossos órgãos dos sentidos captam as informações, nosso cérebro as recebe e processa, mas nossa mente só se atém àquelas que nos interessam no momento (e às vezes nem isso!).

Somos então seletivos: selecionamos a que vamos dar atenção ou, melhor dizendo, dedicar nossa atenção, ou dedicar nosso tempo, nos dedicar!

Se colocarmos um maravilhoso quadro na parede de nossa sala, toda vez que entrarmos nela daremos uma olhadinha nele – com prazer, orgulho, interesse – com dedicação, inicialmente. Meses depois...

Na paixão, pelos motivos detalhados em "Intimidade" (página 117), é um prazer nos dedicarmos ao "outro"; nos faz bem nossa dedicação, se bem que gostamos também da atenção que recebemos. Estamos, então, atentos ao outro, gastamos tempo com ele, "curtimos" isso. Nesse momento, não avaliamos o quanto estamos recebendo do outro porque recebemos ao dar! Uma comparação minimalista é um casal no shopping center – a mulher procura uma blusa e o marido apenas acompanha. É frequente que o marido se canse, se exaspere com a busca (se não estão apaixonados), porque é ela que tem interesse e se diverte na busca; para ele essa busca é apenas custo, não há prazer algum.

No relacionamento afetivo acontece o mesmo. Com o tempo nossa mente se adapta à presença (ações, conversas etc.) do outro e seleciona: isto não é importante, não tem graça, não dá mais prazer. Caímos no automatismo de parar no semáforo vermelho, sem mesmo tê-lo "visto"!

Para manter uma relação afetiva por longo tempo, é necessário então estar consciente dessas armadilhas e colocar em ação aquilo que nos destaca dos demais animais: nossa elevada capacidade de antevisão, planejamento e objetivação. Queremos um relacionamento gratificante? Precisamos construí-lo... e mantê-lo. Gastar alguma energia nessa manutenção é coisa que poucos casais fazem. A maioria espera que "o amor" resolva!

É dessa forma que o amor acaba, sim, quando deixamos de despender atenção a ele (a ela, ao "outro"). O amor se reduz na exata proporção em que se reduz nossa dedicação, e nossa seletividade já deixa de perceber o "outro" – ele já não é um estímulo. Deixamos que isso aconteça. Deixamos o amor ao acaso, ao "que der e vier", ou à natureza, esquecendo que um relacionamento afetivo-sexual duradouro e gratificante é uma utopia que intencionalmente escolhemos buscar, isto é, depende de nossas atitudes o atingimento ou não do nosso objetivo. Muitas vezes nos lamentamos da sorte: "não deu certo". Bem, deixado ao acaso não dá certo mesmo (nunca ou quase nunca), pois amar não é sorte, é competência.

Meu Mundo

Pai e Mãe
Ouro de Mina
Coração
Desejo e sina
(Djavan)

Eles nasceram juntos, meus pais. Filhos do mesmo pai e da mesma mãe, nascidos no mesmo dia, na mesma hora, no mesmo lugar. Cresceram juntos e, no tempo certo, se casaram e puderam, por isso, ter filhos: eu.

Por isso também morávamos na mesma casa; um mesmo teto. Eles irmãos e eu, filho – uma família como as outras famílias.

Eu, como filho, naturalmente era o centro. Eles viviam para mim e eu tinha a vida pela frente: crescer, estudar e *ser alguma coisa*.

Em algum momento que não sei precisar no tempo, notei que eles brigavam. Ficava no ar alguma coisa; poucas palavras, mas nada importante. Não para mim, ao menos. Eu também brigava e eles comigo vez ou outra; nada mais natural.

O mundo era composto assim de casas onde moravam os pais e seus filhos e estes, quando crescessem, tornavam-se como Adão e Eva, para iniciarem um novo mundo.

Sim, eu me casaria e seria um próximo Adão, mas meus pais não seguiram esse roteiro simplesmente porque eles eram o Adão e a Eva originais.

O mundo não começou comigo porque já existiam meus

pais, mas fora isso tudo veio a partir de mim e nada foi criado sem minha interferência. O fogo, por exemplo, sempre existiu assim como a geladeira e o sorvete. O Bolinha não, ele só existiu quando eu pedi um cachorro para a minha mãe, e ela perguntou ao meu pai se podíamos ter um cão; aí o Bolinha passou a viver... conosco.

A vida era boa, mesmo a escola, porque eu tinha amigos e brincadeiras. Aniversários, praia; cada dia uma coisa nova e boa. Eu tinha muita coisa para fazer e parece que conversava menos com meus pais. Era natural. Falávamos o que era importante, mas, pensando bem, parece que muitas coisas acabaram deixando de ser ditas. Parece também, vendo agora, que meus pais falavam mais comigo e menos um com o outro.

Foi então que me perguntaram o que eu escolheria: morar com meu pai ou com minha mãe, se eles morassem em casas diferentes.

Como assim?

Então eles poderiam morar longe um do outro? Eles não eram uma coisa só; uma família? Então tudo aquilo que eu pensava não existia? Então meus olhos não viam bem e minha cabeça pensava errado? Então eles não nasceram juntos e o mundo não começou quando eu nasci? Ou, pior, tudo já existia e eu não era nada mais que *mais-um*? Pior: eles eram uma coisa só, até que... eu nasci!

Nada do que eu sabia era verdade.

Disseram que eu teria duas casas. Fui morar com minha mãe e aquela era a minha casa, mas não era *minha*. Eu estava solto, desgarrado; não tinha mais nada, não tinha uma âncora, um ninho. Antes eu tinha um castelo. Eu não seria o Adão. Meus amigos da escola eram só colegas, crianças chatas. A professora e aquele monte de baboseiras a aprender. O mundo cheio de vazio e obrigações. Amanhã seria como hoje, a não ser que eu comprasse aquele carro de 400 cavalos. Aí sim me respeitariam; teria muitos amigos e as mulheres todas correriam atrás de mim.

Eu queria tanto estar no escuro do meu quarto
à meia-noite, à meia luz, sonhando
Daria tudo por meu mundo e nada mais
Guilherme Arantes

IV

CONSTRUINDO UMA RELAÇÃO DE ALTA QUALIDADE

Só Vale a Pena se for BOM!

Qualquer pessoa que se apaixonou sabe que pode ser bom e sabe também que é capaz de fazer ser bom. Manter um relacionamento com alta qualidade depende apenas de 3 fatores:

1. Conhecer o "como" fazer. Vimos isso em detalhes nos capítulos anteriores;
2. Crer que é possível;
3. Comportar-se coerentemente com essa crença e conhecimento (propósito).

Vamos ver como.

Conhecer e Crer que é Possível

Vamos rever resumidamente e simplificar ainda mais: Confundimos o "amor" com a "paixão" e precisamos entendê-los separadamente.

A paixão é o que nos dá prazer, dá cor à vida, aciona nosso metabolismo. O amor é o sentimento mais elevado, que se confunde frequentemente com nossa razão, com nossa consciência e com a abnegação. O casamento é o contrato legal, definido pela nossa sociedade visando organizar a família e otimizando-a em função da criação/formação dos filhos, futuros cidadãos.

Um casamento feliz acontece, então, quando conseguimos construir o amor (dedicação ao outro), mas fica mais fácil sustentar isso quando conseguimos penetrar no nosso mundo emocional e vivenciar emoções.

O poeta português Fernando Pessoa, por meio do seu heterônimo Álvaro de Campos, escreveu o poema "Todas as Cartas de Amor São Ridículas".

Todas as cartas de amor são
Ridículas.
Não seriam cartas de amor se não fossem
Ridículas.

Também escrevi em meu tempo cartas de amor,
Como as outras,
Ridículas.

As cartas de amor, se há amor,
Têm de ser
Ridículas.

Mas, afinal,
Só as criaturas que nunca escreveram
Cartas de amor
É que são
Ridículas.
Quem me dera no tempo em que escrevia
Sem dar por isso
Cartas de amor
Ridículas.
A verdade é que hoje
As minhas memórias
Dessas cartas de amor
É que são
Ridículas.
(Todas as palavras esdrúxulas,
Como os sentimentos esdrúxulos,
São naturalmente
Ridículas.)

À nossa razão, nossas emoções parecem ridículas, sem sentido, bobagens! Como o grande amor, a paixão só acontece no mundo emocional e, por isso, ou abdicamos da felicidade de amar e permanecemos no "terreno firme" da racionalidade, ou entramos no mundo emocional e nos fartamos de prazer. É uma escolha!

Amor (paixão) é um sentimento, não há como vivenciá-lo no mundo racional.

Dessa forma, somos obrigados a admitir que o casamento que pretende ser intenso, saboroso, nutriente (e mais estável e duradouro) deve permitir o exercício do "amor romântico", ingênuo ou *ridículo*, como descreveu Fernando Pessoa.

O "amor romântico" é aquele no qual nos entregamos às emoções e conseguimos, por isso, nos sentir amados e fazer com que nosso par se sinta amado.

O início da construção dessa relação repleta de comportamentos amorosos se dá com a intimidade. Vamos ver os pontos principais desse "castelo".

Casar: Uma Nova Identidade

Definitivamente, o casamento mudou. Nos últimos cinquenta anos fomos alterando a forma de encarar essa relação e principalmente as cláusulas desse pacto, de maneira quase imperceptível pela lentidão com que ocorrem as mudanças sociais de maneira inexorável. Nas grandes metrópoles já está estabelecido o novo formato que até há pouco era referido como *test drive*, uma forma de falar brincando para dissimular algum constrangimento quanto ao "morar juntos". O *test drive* tomou o lugar do antigo noivado e difere dele de maneira significativa. Nas pequenas cidades isso ainda não acontece com muita facilidade, embora aconteça, demonstrando que é essa a direção do movimento social.

O "morar juntos" se apoiou inicialmente como justificativa racional e, portanto, consciente, de que se teria com isso um teste que comprovaria ou não que essa relação "daria certo". Caso fossem obtidos resultados indicativos de que o relacionamento estava "dando certo", então se podia casar (!). O que observamos é que não é dessa forma que as coisas ocorrem, porque formar um par não é uma definição (apenas) racional, mas principalmente emocional, com seus inúmeros fatores inconscientes. E, racionalmente, o *test drive* é falho por:

1. Não estabelecer um prazo para o teste, o que significa que ele pode nunca terminar.
2. Se as coisas estão "dando certo", surge a questão: para que mudar?

3. Se as coisas não estão "dando certo"... faz parte do teste – vamos "testar" mais um pouco!
4. Não são fixados parâmetros de avaliação do teste: o que é "dar certo" em um relacionamento?
5. Se a relação está em teste, "devemos deixar que ela flua naturalmente" – não há esforço consciente para fazê-la "dar certo".

Por outro lado, o *test drive* agrega à relação alguns fatores prejudiciais, como, por exemplo:

1. A certeza de um menor engajamento nesse compromisso, o que resulta em um menor esforço construtivo.
2. A possibilidade de se "reavaliar" o relacionamento diante de problemas não tão significativos.
3. A identidade de cada um dos componentes do casal em tese não é alterada (dependendo da maturidade emocional de cada um).
4. Abre espaço para o distanciamento de objetivos. Por exemplo, a percepção de um dos pares pode ser de que "já é tempo" de atitudes de intensificação dos laços (formalização, filhos etc.) e o outro permanece com a ideia de apenas "um relacionamento".
5. Não se abdica de nada "pelo" relacionamento; não apostamos nele!

Por tudo isso é que, mesmo que admitamos que um período de teste possa ser positivo, muitos fatores negativos e prejudiciais são agregados, fazendo com que, efetivamente, estejamos apenas criando etapas para adiar algo assustador: formar um par e assumir uma nova identidade que nos transformará de maneira irreversível.

Casar sempre foi um processo de transformação que não apenas mudava nosso *status* social; alterava o nosso modo de ser e, por isso, sempre dissemos: "*sou* solteiro, *sou* casado" e não "*estou* solteiro, *estou* casado". Casando nos tornávamos um par e, com isso, passávamos a ser relativos a outra pessoa: "o João da Maria, a Vera do André". Mesmo com a separação, não voltávamos a ser "solteiros" e sim descasados. O casamento fazia parte, também, do processo de ampliação de nossa individualidade, ao contrário do julgamento de que o casamento é limitador (visão individualista). O casamento nos obriga a "crescer". O casamento leva ao crescimento da individualidade, no mínimo porque uma relação tão intensa exige mudanças: maior flexibilidade, percepção do "outro" ou mesmo a definição de uma tendência preexistente ao autoritarismo, dependência, autocomiseração etc.

A quem já foi casado não é fácil namorar; quem foi casado pode ter, sim, prazer ao namorar, mas não em apenas namorar.

Com o "morar juntos" isso muda? Bem, sim em alguns poucos e negativos aspectos.

Nos acostumamos a pensar em estágios de desenvolvimento, atrelados à idade (cronologia) e dessa forma podemos caracterizar identidades típicas:

- Primeira infância;
- Infância;
- Pré-adolescência;
- Adolescência;

- Maturidade;
- Velhice.

Quando nos atemos apenas ao desenvolvimento psicoemocional, podemos identificar outros estágios, como:
- Casado(a);
- e pai/mãe.

Esses dois estágios foram considerados obrigatórios na vida de um indivíduo nos últimos séculos e deixaram de sê-lo nas últimas três décadas, ao menos naquilo que nos permite a consciência.

O objetivo da formação masculina era o desenvolvimento de competência para a aquisição de riqueza – não para si, mas para sua (obrigatória) futura família (casamento e filhos). O objetivo da formação feminina era o desenvolvimento de competências na execução ou gestão das atividades domésticas e "prendas" emocionais que permitissem o desenvolvimento de vínculo consistente com os (futuros) filhos. Ainda hoje lutamos contra isso: os homens visam relacionamentos com mulheres que não se tornem dependentes financeiramente deles e as mulheres lutam com sentimentos ambivalentes em relação a ter filhos e dedicar-se à carreira profissional.

Em função disso, "casar" tornou-se mais assustador do que já era. Olhando de fora parece mesmo engraçado que o casamento formal seja negado, mas toda a sua forma e estrutura sejam reproduzidas no "morar juntos", inclusive com a natural (e frequentemente *imprevista*) vinda de filhos.

A ambiguidade, contudo, continua presente e lutamos racionalmente para defender a ideia de que precisamos "de nosso espaço" e de "vida autônoma" ou "independente". Não aceitamos a sutileza de que, ao assumirmos vínculos, limitamos um pouco nossa "independência". A independência, porém, é vista como um bem por si mesma e por isso acreditamos que nada que a limite pode ser benéfico.

Enquanto era considerado natural e um indicador positivo de mudança (de identidade) que um casal, ao ter filhos, passasse a se relacionar mais com amigos que também tivessem adquirido esse novo *status*, são bastante frequentes, hoje, os desentendimentos entre o casal porque o homem (antes, marido, pai) entende que "precisa" de um "tempo" para si, para sair com amigos na sexta-feira e "tomar cerveja". O ruim é que, lá no bar, ele pode sentir que mesmo assim sua liberdade é limitada! O casal olha para a perda e não para o ganho. Confundimos nossas necessidades e a forma cíclica como nossas emoções têm existência com a manutenção de uma suposta independência que nos remete à antiga identidade. O casal se desentende. Brigam. Como não têm vocabulário que permita interpretar adequadamente o que está ocorrendo, culpam um ao outro. A separação vai gerar nos filhos apenas um sentimento de desconfiança do "outro" e uma maior necessidade de "independência", transferindo e ampliando essa tendência para as gerações futuras.

Por que estamos fazendo isso? Será que definimos um estágio ideal de vida e a ele desejamos nos apegar (*for ever young*)? Ou será que, à semelhança da "síndrome de Peter Pan", estamos desenvolvendo uma nova síndrome? Síndrome de quem? Talvez do Super Homem e Mulher Maravilha, que nunca se casam nem têm filhos, eternamente jovens, eternamente bonitos, fortes, independentes... e *contribuindo* com a humanidade à sua maneira, dentro de *seus limites*? Ou será que um dia, mais tarde do que ocorria anteriormente, nos daremos conta de que nos falta algo? Que essa nossa identidade, que tanto defendemos, é pouco, é estéril? Que o prazer que obtivemos foi... quem sabe, pobre e mesquinho?

Caso depois da paixão você opte por se unir ao outro e construir um relacionamento saudável, imagine que você está se mudando para um novo país. Você precisará se adaptar a novos costumes, aprender um novo idioma, viver em um clima diferente. Para ser feliz, você deverá compreender muito bem tudo isso e criar uma relação produtiva entre as suas características, seus valores, suas crenças, e os valores, crenças e características desse novo mundo externo a você, mas que será parte de você.

Intimidade

O contato humano permeado pela emoção positiva acontece normalmente sem a disposição racional – sem intenção/planejamento –, principalmente em dois momentos da vida: quando somos bebês ou pais de bebês e quando nos apaixonamos. Acontece também em outros momentos, porém a tendência é que seja insustentável ao longo do tempo.

O momento de intimidade, o sentimento, é descrito por várias correntes psicológicas que enfatizam pontos específicos desse contato e a Gestalt-Terapia destaca sua importância em vários experimentos englobados sob expressões como "Aqui e Agora" e "Estar Presente".

A disponibilidade de emoção nos contatos interpessoais tende a ser inversamente proporcional ao nível de informação/escolarização e volume populacional do núcleo urbano onde vive o indivíduo. Isso acontece porque essas circunstâncias tendem a fazer com que esse tipo de contato pareça negativo, improdutivo e de certa forma ameaçador, levando as pessoas a recolher a afetividade, minimizando sua expressão. O incentivo social à objetividade, assim como um cotidiano planejado/agendado, praticamente exige que a porta emocional fique fechada e faz com que muitas pessoas deixem mesmo de acessar esse tipo de comunicação. Alhear-se do contato emocional positivo pode ter um preço elevado, pois esse contato é um alimento psíquico fundamental.

Origem

O mundo psíquico do bebê se resume inicialmente ao

campo sensorial e em seguida emocional. Em função disso, o contato possível nessa fase é nessas áreas. Por outro lado, bebês tendem a "abrir" o campo emocional dos adultos, sendo raros os adultos que não riem ou não sentem prazer ao ver um bebê rindo. O contato mãe-bebê é, então, sensorial (tato, olfato, audição) e, na sequência, afetivo. O "manhês" é o contato aparentemente verbal, porém se utiliza das palavras apenas como veículo e não como código, já que o conteúdo não faz sentido para o bebê. O contato (emocional), no entanto, acontece entre mãe e filho com este "respondendo" com vocalizações, assim que tiver prontidão para esse exercício.

É desse contato permeado pelo afeto que o bebê alimenta sua disposição para aprendizagens e desenvolvimento de forma ampla. John Bowlby (psicanalista inglês) já em 1950 descreveu a apatia e atrofia do desenvolvimento de bebês privados do contato afetivo.

Na medida em que o campo cognitivo se desenvolve, há uma divisão cada vez mais clara entre contatos permeados pela emoção e os permeados pela razão. Ao longo da vida, essa evolução pode fazer com que os contatos sejam feitos unicamente no âmbito racional (num primeiro nível de análise) ou que o indivíduo se utilize também do contato afetivo.

Paixão

A paixão "acontece" à esmagadora maioria das pessoas e pode ser mais ou menos intensa em função da disponibilidade individual. Sentimos na paixão o "céu", o "nirvana", a "paz", a felicidade e a excitação do encontro com o "outro".

Como essa sensação foi impressa em nossa "matriz de relação" por meio de nossas primeiras relações do período intrauterino até os 2/3 anos de idade, o "outro" é a imagem daquele que nos provê e com o qual o entendimento é "perfeito". Há a sintonia de interesses e, principalmente, a compreensão. Podemos dizer que estamos apaixonados, porém é comum também dizermos que estamos amando. É a esse estado que, a meu ver, damos erroneamente o nome de "amor".

É um estado alterado de consciência, porque nele, como já dissemos, não vemos realmente o outro e sim a projeção da nossa vivência relacional primordial. Esse é um dos motivos para que, ao se dissipar a paixão, fiquemos ressentidos por não recebermos mais a compreensão que o desejo de completude nos leva a querer.

A maravilha daquele céu multicolorido se dissipa à medida que vamos nos conscientizando do "outro" e precisamos estar preparados para subir mais esse degrau da escada do nosso crescimento pessoal, ou a relação torna-se difícil, pois, se nos mantivermos no mesmo patamar em que estávamos quando apaixonados, nos relacionaremos com o "fantasma" que projetamos e não com a pessoa que escolhemos e que "amamos". O amor ressentido dará origem ao ódio, indicador de que a emoção em relação ao outro continua presente.

Ouvir e Escutar

Essa relação com um "fantasma" do passado e não com o "outro" gera o diálogo de surdos: falamos a ninguém e não ouvimos realmente o que o outro nos diz. Há emoção (e muita, negativa) nesses diálogos, porém não se fala *de emoção para emoção* quase nunca, porque o contato não se dá efetivamente com quem está na nossa frente.

Os sentimentos negativos que temos em relação ao nosso par, por ele não agir da maneira que queremos e imaginamos durante a paixão, faz com que cada atitude dele seja criticável (comparada às atitudes do nosso "fantasma").

Há, sim, uma conexão emocional, porém não agradável, não criadora, não construtiva; mas, observe, *a conexão emocional está presente!*

O *estar de mãos dadas*, o *falar e ser ouvido* e mais, *ser compreendido*, quase nunca acontecem e resta um sentimento de vazio, de solidão, de abandono.

Pode até mesmo ocorrer de um chamar o outro pelo apelido carinhoso ou pela forma criada durante a paixão (bem, amor, querida, paixão etc.), mas não acontece o vínculo.

Na relação conjugal é muito frequente (mais de 80% dos casos) a perda da "sintonia" que existiu durante o namoro/paixão.

Não há mais a disponibilidade para contatar o "outro"; o acesso aos sentimentos de cuidar, ouvir, amar, dar, não está disponível porque acessamos outra direção afetiva – por exemplo, "o quanto *não* recebemos", "*não* somos ouvidos", "*não* somos aceitos", "*não* temos importância" etc. (nossa "razão" funcionando!)

Podemos ter ou não consciência do que ocorre, mas já não há intimidade e isso representa uma lacuna insuportável.

Esse *afastamento emocional* pode acontecer com ambos ou apenas um dos cônjuges e, neste caso, quem "perdeu o bonde" não percebe ou não se importa com o fato, porém aquele que mantém o contato emocional ativo se ressente. Esse ressentimento é pela perda – perda significativa – e remete a emoções já vivenciadas (as da infância são as mais fortes), mesmo que inconscientes.

A casa, o lar, o par, o refúgio, o "castelo", depois de construído a quatro mãos, é parte *inseparável* de nós e, longe dele, não permanecemos inteiros – ficamos reduzidos e infelizes.

Pesquisas recentes mostram que um percentual muito pequeno dos casais permanece "enamorado" depois de anos de relacionamento e atribui isso a um processamento cerebral característico. Essa é apenas uma parte da verdade, pois realmente é assim que as coisas acontecem se deixadas ao acaso. Não é verdade, no entanto, que não podemos ativar essa região do cérebro e manter uma sintonia emocional com o outro. Não é verdade que não podemos penetrar em nosso mundo emocional e "brincar"; fazemos isso com nossos filhos pequenos! Podemos nos sintonizar emocionalmente, podemos estar atentos aos nossos sentimentos; podemos, com nossa mente, *"configurar" a ação cerebral*, ao invés de deixar que, ao acaso, nosso cérebro "faça" a nossa mente e a "dessintonia" conhecida e agora autenticada pelo resultado de pesquisas laboratoriais. Não somos apenas razão. Se abdicarmos do nosso mundo emocional, seremos apenas metade de nós mesmos.

Amor Romântico é Ilusão?

Pode acontecer de uma criança ou adolescente ficar estarrecida ao descobrir que um bebê se alimenta apenas de leite (preferencialmente o materno). Essa estupefação acontece porque quem faz essa "descoberta" consome diversos alimentos, sólidos e líquidos, de diferentes origens e propriedades nutricionais. Não nos damos conta, mas o bebê precisa também de um segundo alimento para se manter saudável: contato humano. O bebê precisa do contato físico, de ouvir a voz, de aprender a reconhecer, a responder a seu cuidador. Sem esse segundo alimento, o bebê não se desenvolve adequadamente (alguns chegam mesmo a morrer).

Esse contato humano se reveste de carinho, afeto, intimidade, emoções e, naturalmente, a dedicação do cuidador, o que habitualmente chamamos de amor. Na medida em que a criança vai crescendo, vai também ampliando seus contatos: tios, avós e depois vizinhos etc. Na escola, começa a especializar esses contatos, diferenciando a intimidade, intensidade, confiança, sob diferentes categorias: colegas, amigos, professores. Vai então diferenciando a qualidade de seus vínculos, nutrindo-se de diferentes fontes, em contatos de diferentes níveis de nutrição.

Podemos fantasiar que o bebê se alimentava 50% de leite e 50% daquele "amor" do seu cuidador e que, ao crescer, começa a diluir os 50% de amor em outros contatos humanos menos intensos, porém com um número maior de pessoas.

Essa especialização de contatos humanos acaba por dar origem, mais tarde, a duas importantes fontes nutrientes de afeto: a profissional e a afetivo-sexual. Destaco a área profissional porque ela se distingue da maioria das outras ao gerar um retorno concreto como "prova" de que somos aceitos e temos o nosso valor reconhecido socialmente, substanciando esse nosso "valor" por meio do nosso ganho e conquistas. O que é percebido por meio do contato afetivo e retorno emocional se torna "materializado" na área profissional.

Destaco também o campo afetivo-sexual porque nele colocamos a parte não diluída que restou daquele contato humano íntimo, intenso e de "total" confiança que tivemos com nosso cuidador, e agora dirigimos para nosso par.

É por isso que se usa falar que um relacionamento deve ser gratificante. É por isso que eu costumo dizer que a relação afetivo-sexual deve ser nutriente.

O adulto saudável tende a buscar um par com o qual troque emoções mais intensas, intimidade, em quem sinta confiança, a quem se dedique e de quem sinta a dedicação e se nutra afetivamente.

A nossa formação emocional é a história da nossa vida e nela há inúmeras estórias e, assim, cada um de nós, com sua própria história, tem também seu modo próprio de amar. O sentimento de amor varia muito de pessoa para pessoa e a qualidade do vínculo que estabelecemos depende da qualidade das experiências que tivemos desde aquele vínculo inicial com nosso cuidador. O afeto pode ser intenso ou totalmente bloqueado. Pode ser positivo de troca construtiva e enriquecedora ou negativo de dominação, diminuição do "outro" ou mesmo sua destruição.

A vida nos traz decepção, desengano, desilusão. Veja essa

palavra: "desilusão" – sofremos por não estarmos "iludidos"? De certa forma, sim: sofremos por uma perda imaterial, ilógica – emocional.

Mesmo quando encontramos nosso par e a ele nos unimos, vamos desenvolvendo uma história e nela também acontecem decepções e desilusões. A afetividade vai se transformando. Pode haver a quebra de confiança e a consequente queda ou o total esvaziamento da dedicação. O relacionamento pode se tornar árido, estéril, nem um pouco nutriente e mesmo venenoso.

Sem intimidade e confiança, ainda "precisamos" de afeto e vamos procurá-lo no trabalho ou em outra relação que nos nutra (se não nos desiludimos).

Caso nos tornemos áridos, vamos dizer que o "amor romântico" é ingenuidade (uma forma de o depreciar). Caso nossos ferimentos continuem abertos, nos tornamos estéreis, impotentes, amargos, solitários ou agressivos e destruidores, como resposta à dor (inconsciente) com a qual convivemos. Caso socializemos nossa dor, podemos buscar a satisfação dessa necessidade (reconhecimento do nosso valor) nos tornando empreendedores e *workaholics*.

Podemos fugir desse fantasma e também negar sua existência, mas de diversas maneiras sentiremos sua presença.

O amor romântico pode então ser visto como ilusão, no sentido de que é utópico se o tomamos como pronto e com vida própria. É também uma ilusão por existir no campo emocional e não ser facilmente justificável no campo racional, porém isso não implica falta de objetividade.

Não pode é ser tomado como ilusão, no sentido de inexistente, pois isso é negar necessidades fundamentais e a importância do contato humano. Negar sua existência é o mesmo que eliminar a possibilidade de uma das formas de expressão e busca de satisfação de necessidades emocionais, que acabarão por se expressar, gostemos ou não, de outras formas e com outra qualidade.

Podemos não gostar dele e negá-lo, mas ele continuará existindo como forma/qualidade de vínculo e troca emocional, sendo, para quem o aceitar, saudável e nutriente.

O amor romântico ou a relação repleta de comportamentos amorosos é a única forma de manter um casamento feliz e duradouro. Ao contrário, viver apenas nosso lado racional e objetivo nos torna socialmente perniciosos.

Ouço dizer: "Os homens não gostam de romantismo". Mentira. Muitos homens temem o relacionamento amoroso. Fogem dele e agem de maneira contrária a ele, mas, como a mulher, sentem sua ausência e buscam repô-lo mesmo que de maneira esdrúxula e inconveniente.

O amor romântico está disponível a todas as pessoas, porém, como diz o Shodoka (texto do mestre zen-budista Yoka Daishi): *uma mesa real é posta diante do faminto, mas ele se recusa a comer.*

Sentir-se Amado(a)

Ouço frequentemente: "Ele(a) não me ama na mesma proporção que eu o(a) amo". Podemos não dar atenção alguma ao fato de nos sentirmos amados, porém reagimos de maneira significativa ao não nos sentirmos amados.

No meu livro *O Poder dos Pais no Desenvolvimento Emocional e Cognitivo dos Filhos* descrevi como não cometer alguns erros básicos na formação dos filhos. Um deles é "como evitar o sentimento de rejeição".

Normalmente, pais e mães não rejeitam seus filhos. Mas independente de a rejeição acontecer de fato, algumas atitudes podem gerar o *sentimento* de rejeição. Esse sentimento surge da percepção de como somos tratados e não do fato de sermos realmente tratados desta ou daquela maneira.

Isso quer dizer que tratamentos considerados pelos pais como naturais, "normais", podem gerar no filho o sentimento de insuficiência, inadequação, de não corresponder às expectativas, de ser um "peso", isto é, de não ser querido/desejado. Carregamos isso como nossa "bagagem" e esse sentimento compõe o perfil do indivíduo adulto ao gerar atitudes de afastamento (timidez?), desconfiança, independência/rebeldia, agressividade (para evitar o vínculo que poderá machucá-lo, se rompido), passividade (depressão?), entre outros.

No relacionamento afetivo-sexual, além da sensação de "amar mais do que é amado(a)", é frequente o sentimento de "ser traído". Mesmo que não haja a traição no âmbito sexual, o sentimento de ser traído(a) pode surgir de ocorrências banais: a importância que o marido ou a esposa dá às relações com sua família de origem; a atenção "especial" a um amigo, ao trabalho, aos estudos, carreira etc., além de coisas que o outro *não* faz (e supostamente deveria fazer), como, por exemplo, procurar sexualmente com mais frequência (ou o contrário: só procurar para sexo), olhar mais demoradamente, perguntar sobre algo que já haviam conversado e estava pendente; em síntese: valorizar e demonstrar atenção, interesse, cuidado.

Naturalmente, o sentimento de rejeição pode levar casais à separação e os motivos percebidos podem ser variados: o amor "acabou"; ele(a) exige demais; relacionamento extraconjugal (de quem se sente rejeitado ou do outro); ele(a) não me ama; ou mesmo abstrações como ele(a) não planeja o nosso futuro.

Quando entramos em um relacionamento, levamos em nossa bagagem a nossa história e recebemos alguém também com sua história como bagagem. Nem sempre temos consciência da nossa história e menos ainda do quanto nosso comportamento é influenciado por ela. Também não sabemos sobre os comportamentos que o outro traz em sua bagagem. Por isso, é necessário que estejamos dispostos a lidar com alguns aspectos da nossa formação e aperfeiçoá-los, e termos a delicadeza de entender e ajudar o outro com sua "bagagem".

Construindo uma Nova Família

"Certa vez, em uma terra muito distante" se utilizava a palavra 'matrimônio' para a união de um homem com uma mulher, indicando que ali existiria uma unidade matriz (*monio* = unidade; *matri* = matriz), isto é, uma célula capaz de se reproduzir. Isso mudou principalmente porque não achamos conveniente ter qualquer responsabilidade na manutenção da sociedade: não gostamos da sociedade na qual vivemos nem queremos "preservá-la". Vivemos em um momento no qual, se não há um suicídio individual, praticamos um "suicídio" da espécie!

A forma como se dava a formação masculina e feminina nos últimos séculos, se não definia, ao menos reforçava diferenças significativas na qualidade e força dos vínculos intracasal e familiais.

O desenvolvimento, substanciação e expressão do afeto eram estimulados nas meninas na mesma medida em que o bloqueio, restrição ao desenvolvimento e repressão o eram nos meninos. Com isso, obtinha-se o resultado visível de uma aparente inconsistência nos vínculos masculinos; uma certa facilidade de rompê-los e a qualidade de mantê-los por meio da "responsabilidade" de cuidar como provedor.

Entre as inúmeras diferenças de linguagem entre o homem e a mulher, esse aspecto era o responsável pelo padrão de, diante do envolvimento sexual com outra mulher, o homem poder dizer "não significou nada", e a mulher se indignar: "como não significou nada? E eu, não significo nada?".

Algumas diferenças bem visíveis:

Homem	Mulher
Ia para fora de casa em busca do sustento	Ficava em casa fazendo a manutenção
Era formado para alcançar independência, autonomia.	Era formada para reproduzir a família
Vínculo mais visível: de responsabilidade	Vínculo mais visível: de afeto
"Transferia-se" para a família de origem da esposa	Atraía o marido para sua família de origem (festas, comemorações)
Independente e solitário	Dependente e gregária
Mais "egoísta"	Mais "altruísta"
Inovação e desenvolvimento material	Manutenção afetiva

Hoje esses aspectos estão bem menos definidos, porém são ainda visíveis em um olhar mais cuidadoso, e alguns desses pontos são fontes significativas de atrito.

Alguns homens de hoje, com um maior desenvolvimento afetivo, podem manter os vínculos com sua família de origem, ou como "filho" ou exercitando a "responsabilidade" de sua função. Pode ocorrer que sua esposa perceba isso como sua incapacidade de atraí-lo para a nova família. Esse é um problema que pode levar à separação do casal, se não tiverem filhos, ou à terapia de casal se já os tiverem.

Boa parte do que estou descrevendo ocorre apenas no nível emocional, isto é, fora do alcance da consciência.

Percebendo que o marido mantém laços fortes com sua família de origem, a mulher pode "sentir" que um filho seria o fator que atrairia o marido definitivamente para a nova família. Caso ele continue muito próximo de seus pais, mesmo depois do nascimento de seu filho, pode ocorrer de sua esposa não suportar esse fato (em função de sua história pessoal) e sentir que não é querida, que ama mais do que é amada, que é rejeitada ou traída, podendo mesmo ver indícios de traição nas atitudes do marido (mesmo que infundadas).

Naturalmente, estou descrevendo uma das inúmeras possibilidades, já que cada pessoa reage conforme a bagagem que traz da sua formação.

O homem sente-se perdido; não entende o que está ocorrendo e daí surgem as brincadeiras sobre a "mulher de lua", "mulher de fases". Ambos desconhecem o que está ocorrendo e brigam concretamente sobre fatores desconhecidos.

No atual estágio do desenvolvimento masculino, temos:

1. O homem desenvolveu-se no padrão tradicional: é autônomo, troca com facilidade sua família de origem pela sua nova família e aproxima-se mais da família de origem da esposa.

2. O homem teve sua formação nos padrões atuais e mantém laços afetivos mais fortes com sua família de origem. Pode então:

    2.1. Manter esses laços, caso isso possa ocorrer com facilidade (aceitação pela esposa);

    2.2. Ir reduzindo esses laços com a família de origem gradualmente;

    2.3. Decepcionar-se com atitudes da esposa que impliquem um afastamento dele em relação à sua família de origem e reduzir seus laços em relação à nova família que construiu (de ocorrência menos frequente, mas gerando conflitos mais sérios).

Quando ocorre um segundo casamento, pode surgir um

grande problema: o homem tende a manter laços com a família anterior, provocando grandes dificuldades na nova relação.

É necessário que se amplie o conhecimento sobre os motivadores inconscientes de desentendimentos, possibilitando que conscientemente sejam geradas atitudes adequadas às necessidades do cônjuge e da relação.

Contato Emocional

São raras as pessoas que se lembram de fatos ocorridos na primeira infância, principalmente os corriqueiros. Apesar disso, todos nós vivenciamos inúmeras situações (e as respectivas emoções) que, mesmo não estando acessíveis em nossa memória, estruturam nossa forma de agir quando adultos. São esses contatos que definirão como estabeleceremos nossos futuros vínculos e, consequentemente, como reagiremos ou, conforme dizemos erroneamente: *como seremos*.

Começamos a agir objetivando estabelecer contato com outras pessoas muito cedo; antes de aprendermos a falar, ainda quando bebês! Talvez antes mesmo de nascermos. Nem todos os pais entendem que seus filhos estão buscando esse contato; muitos olham as ações das crianças e as interpretam como comportamentos aleatórios, frutos de um cérebro ainda não desenvolvido ou matéria para correção ou recriminação.

Mesmo excluindo os casos bizarros, em que filhos são espancados ou acorrentados, ainda há histórias comuns que se tornam assustadoras quando paramos para pensar nelas. Os pais ameaçavam os filhos, décadas atrás com um: "vou te dar para o homem do saco" (andarilhos, os "sem-teto" de antigamente, que carregavam em um saco o que conseguiam recolher nas ruas). O que representa para a criança a seguinte ameaça feita pelos pais: "A polícia vai te pegar!"?

Como pais, explicamos que fazemos isso para educar os filhos porque queremos o melhor para eles. Afinal, os filhos precisam aprender a se comportar! É assim que pensamos.

O fato é que podemos ter aprendido *vínculos e afeto dessa*

maneira, e que nos sintamos como se estivéssemos sozinhos na vida, sem um lugar seguro, e intensificamos comportamentos que, dentro dos limites da nossa compreensão, nos levam a buscar reconhecimento. Porém, o mais provável é que *não consigamos estabelecer vínculos afetivos positivos construtivos* (não aprendemos!), ficando presos a um seguro individualismo (egoísmo, egotismo, egocentrismo).

São inúmeros os estudos científicos que mostram que crianças que perderam o vínculo com a mãe desenvolveram a incapacidade de estabelecer relações afetivas consistentes; podem ansiar por afeto, mas não conseguir recebê-lo; podem parecer afetuosas, mas mostrar concretamente que esse afeto é superficial, encenado (apenas social) e inconsistente.

Uma *matriz de relação saudável*, em uma criança por volta dos 2-3 anos de idade, pressupõe:

- A certeza de ser amada e ter um porto seguro;
- Sentir-se capaz, boa, inteligente;
- Perceber consistência na relação com pessoa significativa que conduz seu desenvolvimento;
- Saber que o "externo" não é sempre bom nem sempre mau;
- Perceber-se capaz de influenciar o ambiente;
- Ter certeza de que tem valor (para alguém).

Não gostamos de algumas pessoas. Às vezes sabemos bem o porquê, outras não. De qualquer forma, ao nos aproximarmos dessas pessoas, o mais provável é que estejamos dentro de um escudo e de armas em punho. O escudo e as armas não são visíveis, mas é visível como qualquer palavra será motivo para uma resposta menos adequada e para um desentendimento "rolar" rapidamente.

A palavra "rolar" é usada pelos jovens em frases como: "Ficamos conversando e foi bom, mas só isso porque não 'pintou um clima'; não 'rolou'. Por trás dessas expressões há um texto não dito e muitas vezes não pensado, que é o "acontecer" algo sem que haja uma ação planejada e direcionada para essa ocorrência. "Rolou", então, pode se referir ao contato direto *emoção-emoção*, um *vínculo afetivo* que conduz, independente da ação comandada pelo córtex pré-frontal. No exemplo iniciado acima, o contato com alguém de quem não gostamos gera uma relação permeada pelo afeto negativo, e isso propicia frequentemente que "role" uma desavença (que conscientemente nenhum dos dois queria).

A relação permeada pelo afeto é próxima do *rolar*, uma entidade acima do simples contato, e se sobrepõe à informação lógica, ao que é explicitado, e, por isso, pode determinar a ocorrência de comportamentos que independem do que está consciente ou planejado e *também do que está sendo processado racionalmente*.

Um adulto que se sentiu *não-pertinens* na infância pode ter dificuldade em se sentir capaz de ser amado (e de amar), assim como de sentir, perceber, acreditar que é amado. Um comportamento comum (construtivo) é que desenvolva mecanismos ou busque recursos auxiliares para atrair *o outro*, mostrando-se culto, inteligente, divertido ou *malhando* para ter um corpo admirável, ou ainda cuidando com esmero da aparência e apresentação. Conquistar poder e riqueza também são recursos buscados. Tragicamente, o sentimento de não ser amado perdura, pois mesmo que alguém apresente comportamentos de dedicação a ele, resta sempre a dúvida: o amor é por mim ou pelo "recurso" que agreguei à minha imagem?

O individualismo é muito produtivo para a sociedade de consumo, sendo, por isso, estimulado por ela. As relações superficiais são uma "garantia" de não sofrer, e entendemos que "sofrer" não é viver; ao contrário, sofrer é o oposto de viver! Será? Praticamente identificamos o *viver* com obter prazer.

Perdemos o sentido dos ciclos da vida que nos confirmam que vamos sofrer, também. Buscamos alucinadamente a alegria (o prazer, mais frequentemente). Não podemos parar porque, ao pararmos, podemos nos dar conta de um vazio, pequeno e desconfortável ou imenso e avassalador.

Mais e mais pessoas sentem-se sós e também vazias. Essas pessoas, porém, *sentem*! Algumas lutam por justiça, pela verdade, pela autenticidade, formas de encontrar alguma coisa real que lhes indique alguma *consistência* na vida. Muitas procuram baladas ou comprimidos para dormir e boa parte delas não percebe nenhuma relação entre sua disposição relacional e esse estado. Um contingente significativo prefere o diagnóstico de "depressão", evitando evidenciar sua capacidade de influenciar esse quadro.

Cresce, também, o número dos que não conseguem alcançar a sutileza de uma relação efetivamente afetiva e por isso não a desejam. Não conseguiram obter de seus *cuidadores* o vínculo de confiança e afeto e por isso desconhecem o afeto e estabelecem relações frutíferas, produtivas, constroem *networks* e redes de relacionamento assemelhadas, agindo primordialmente de forma social e superficial (segura). O contato emocional, feito diretamente de emoção para emoção, está ficando raro. Acontece ainda espontaneamente durante a paixão, mas vai sendo substituído pelo contato racional, objetivo, e não é incomum que os componentes de um casal sequer se olhem ao falar um com o outro. Beijar? Acaba sendo substituído pelo "selinho".

Contato emocional positivo pressupõe olhar, perceber, *sentir* o outro, querer saber o que o outro está sentindo, se está bem e trocar emoções positivas! Esse é o pilar do comportamento amoroso: abrir o canal de comunicação das emoções.

Mãos Dadas

Há um aspecto simbólico importante em um casal que caminha *de mãos dadas*. Além do contato físico e das eventuais trocas químico-elétricas, há um ajustamento dos passos e isso nos remete a um mais amplo *caminhar juntos*.

Um casal se une com o objetivo não explícito, e na maioria das vezes inconsciente, de *fazer parte*. *Fazer parte*, conforme detalhamos em *Pertinens* (ver página 19), é uma necessidade instintiva, isto é, está além de propostas racionais.

Buscamos constituir um castelo onde nos sentiremos fortes, amparados, reconhecidos e acolhidos em nossas qualidades e defeitos, forças e fraquezas. Com uma pessoa, diferente de nós, construímos um lugar no qual nos sentimos bem, seguros, confortáveis e *queridos*.

A Natureza (nossas tendências instintivas) nos leva a esse encontro e, da mesma forma, com o passar do tempo, essas mesmas tendências instintivas podem fazer com que haja o desencontro. A partir dessa constatação, são tomadas decisões e uma delas é soltar as mãos. Talvez uma mão no ombro, eventual – aparências!

Pequenas decisões e atitudes que vão gerando efeitos e novas atitudes... originadas nas emoções e, eventualmente, deixamos de ser agentes ativos no direcionamento consciente do relacionamento.

Nesse caso, uma decisão consciente de analisar o processo real que vai transformando uma relação amorosa em uma relação burocrática pode encontrar no aconselhamento conjugal o instrumento adequado de reconstituição.

Compromisso

Algumas pessoas são "fissuradas" em compromisso; vivem criticando as mais flexíveis, "leves". Algumas pessoas simplesmente não conseguem nem mesmo chegar no horário combinado, ou porque não conseguem se colocar no lugar do "outro" e as próprias coisas são sempre as que têm importância, ou porque precisam sentir a própria importância. Outras se comprometem com facilidade, na verdade com leviandade, sem pensar em realmente cumprir o compromisso assumido. Há quem assuma compromissos como forma de conseguir alguma coisa e, ao assumi-lo, conseguem o que queriam, não sentindo nenhuma necessidade de honrá-lo. Encontramos também pessoas que gostariam de cumprir seus compromissos, mas suas emoções são fortes o suficiente para fazê-las assumir outras coisas que surgiram mais recentemente e que são incompatíveis com o cumprimento do compromisso assumido anteriormente.

Em uma relação afetiva sempre surge a questão do compromisso de exclusividade sexual (fidelidade), mas há também o de permanência (relação estável/duradoura). Um compromisso maior é o de "estar juntos", isto é, formarem um par e compartilharem a vida (na saúde e na doença), construírem juntos os sonhos (de quem?) e o sonho da exclusividade afetiva. Muitas vezes é difícil assumir um compromisso e tantas outras é difícil honrá-lo. Algumas vezes o "morar juntos" é uma forma de evitar o comprometimento.

Não é fácil lidar bem com compromissos, pois isso implica que nos conheçamos muito bem, saibamos quais são nossas fraquezas e desejos; implica também estarmos "inteiros", equilibrados, pois, antes de fixarmos um compromisso com alguém (o "outro"), o fixamos com nós mesmos e, naturalmente, os compromissos "moram" em parte em nosso mundo consciente e são administrados pela razão/raciocínio lógico, mas em boa parte podem estar no mundo simbólico/emocional.

Vamos considerar a questão da virgindade, que era um tabu há algumas décadas. Racionalmente/conscientemente, havia uma forte pressão social para que a mulher permanecesse virgem até o casamento e mesmo legalmente a comprovação da não virgindade poderia ser motivo de separação. Esse aspecto não é o foco da nossa atenção; vamos nos ater ao aspecto simbólico. Havia um "compromisso" fixado pela condição de virgem, da manutenção do casamento tanto no homem como na mulher, mas o mais importante: havia o mítico "primeiro homem". Talvez não devêssemos dizer "havia" porque hoje ainda há, da mesma forma que muitas pessoas se lembram do "primeiro beijo", "primeiro encontro", "primeira viagem" juntos etc.

A primeira relação sexual de um casal pode compor um ponto importante no mundo simbólico desse casal, utilizando a virgindade como fator determinante de "experiência única" que não poderá nunca ser repetida (já não existirá a virgindade).

Sob a ótica afetivo-emocional, a experiência única de um casal é um fator de união (compromisso), um elo que os une e impossível de ocorrer novamente. Algo que existe entre eles dois e só entre eles dois e nunca poderá ser experimentado novamente com outra pessoa. São esses pontos do mundo simbólico que vão constituindo os elos de uma corrente que une um casal, reforça e facilita o sentido de "compromisso". As pessoas se ligam por meio de uma corrente composta por diversos desses elos.

Não somos uma unidade, há diversas forças nos impulsionando. Pensamos e sentimos, desejamos e nossos desejos se alteram; não são estáveis. Crescemos, nos desenvolvemos e nossa "visão" se altera, alterando nossos objetivos e nossos sonhos. Equilibrar essas diferentes forças que formam nosso modo de ser e que são nossa riqueza é um grande desafio. Somente conhecendo muito de nós mesmos e construindo um equilíbrio entre nossa razão e nossas emoções é que conseguimos assumir o desafio COM NÓS MESMOS de fixar compromissos com o "outro" e valorizar os diversos elos da corrente que nos une (prende) com a nossa *permissão e prazer*!

Por isso, um compromisso é, antes, um desafio a si mesmo; um desejo de honrar a palavra dada; superar o constante confronto entre nossos valores, crenças e desejos (que nos tornam únicos e representam nossa riqueza) e, conseguindo isso, colocar essa subjetividade individual (nossa individualidade) na realidade (exterior).

Casar é fazer uma aliança com alguém, é estabelecer um compromisso com o "outro". Honrar esse compromisso é fortalecer o vínculo, valorizando cada elo dessa corrente.

Comportar-se Expressando o Amor

É comum que a expressão do afeto (amor) seja intensa durante a paixão. Quando estamos apaixonados, nos sentimos bem ao olhar para o outro, ao ouvir sua voz, ao perceber sua presença. Como o outro está, também, nos admirando, fornece-nos o alimento emocional: o reconhecimento da nossa importância. Como resultado dessa interação, vivenciamos um período de intensa felicidade, na maioria dos casos *jamais* sentida.

Vem então o dia a dia e a presença do outro deixa de ser um estímulo, isto é, torna-se estável e parte integrante da nossa vida. A partir disso é que dizemos que começamos a *enxergar* o outro, isto é, damos atenção aos seus *defeitos* – ao que ele deixa de nos oferecer.

Nesse ponto, a nossa habilidade relacional fará toda a diferença, definindo se nosso relacionamento será pleno de felicidade ou se tornará um fracasso. Quando o outro se integra ao nosso cotidiano e por isso deixa de ser um estímulo (deixa de nos chamar a atenção como quando uma luz se acende: se ela permanece acesa, não nos chama mais a atenção), podemos nos ressentir como se ele fizesse isso com o propósito de nos negar aquele sentimento positivo de *ser reconhecido*.

A falta de entusiasmo pode ser percebida como desatenção ou desencanto e, por isso, ao não nos sentirmos felizes, culpamos o outro. É o momento de conversar, mas em vez disso muitas vezes reagimos expressando emoções negativas por meio de críticas, o que provoca sentimentos negativos do outro em relação a nós – é o início do círculo vicioso negativo (destrutivo).

Conversar sobre isso é necessário, porém conversar significa:

- Informar ao outro
- Racionalmente
- O que está sentindo
- Em uma serena troca de informações na qual ambos estão em busca de uma solução.

O mais comum é que ocorra o contrário:

- Palavras (racional)
- Despejadas em tom de crítica/acusação
- Em uma descarga puramente emocional.

Essa é uma situação em que cada um se sente ameaçado, agredido e mesmo injustiçado e, por trás desses sentimentos, está o oposto do sentimento que ocorreu durante a paixão: *NÃO ser reconhecido*/querido.

Expressamos assim, ao outro, o desamor, e isso o atinge; e ele, naturalmente, revidará.

Nos sentimos frustrados por não estar sentindo o prazer de sermos reconhecidos e, em vez de tratarmos desse problema serenamente, buscando uma solução, culpamos o outro e *atiramos nele nossa raiva*, pois sentimos que é ele que não nos permite estarmos felizes. Ele sentirá o mesmo que nós – que não é reconhecido – e atirará sobre nós a sua raiva.

Podemos fazer melhor?

Papéis

Desempenhamos diversos papéis: filhos, pais, maridos e esposas, tios, avós, patrões, empregados. Na relação afetivo-sexual duradoura podemos incorporar novos papéis ou substituir o antigo. Nos casamentos nos defrontamos com essa opção ao surgirem filhos. Muitos casais simplesmente abandonam o papel de *par* – de homem-mulher –, substituindo-o pelo de pais. Em alguns casos isso funciona, mas em um bom número vai surgindo um ressentimento e/ou a necessidade do desempenho daquele papel abandonado. A tendência comum é que seja substituída a relação homem-mulher pela relação pai-mãe, ao invés de manter a relação homem-mulher e acrescentar os novos papéis de pai e mãe. Com isso, ambos podem se tornar insatisfeitos e o mais comum (na história recente) é que a mulher transfira a relação afetiva para os filhos; alguns homens a transferem... para outra mulher.

Quando subimos em uma escada, ao passarmos para um degrau acima, podemos ter a sensação de contarmos apenas com esse novo degrau no qual estamos. De fato, não é isso que acontece; esse novo degrau, mais alto, se apoia no anterior e não olhamos ao redor com a visão 20 cm mais alta e sim a, por exemplo, 1,20 metro do solo. Essa alteração não é apenas linguística e sim a forma como vemos o mundo e agimos na relação que mantemos com coisas e pessoas. Isso implica que, por exemplo, ao casarmos, erroneamente deixemos de namorar.

Há muitas pessoas que sobem até um determinado degrau da escada evolutiva e se negam a continuar subindo; depois de casarem, por exemplo, não aceitam o novo *status* e querem voltar (e/ou tentam voltar) ao de solteiros porque não conseguem fazer nada além de namorar. Alterar o *status* sem somar o que já foi conquistado – isto é, casou não namora mais; tornou-se pai/mãe, deixa de ser marido/esposa – é um erro que gera duras consequências.

Em nossa vida escolar, ao progredirmos do primeiro para o segundo ano, por exemplo, não abandonamos tudo o que aprendemos anteriormente. Sim, algumas coisas ficam no limbo, porém não esquecemos as letras, as palavras, pois, caso isso acontecesse, não poderíamos assimilar o novo aprendizado. O novo *status* pode trazer grandes responsabilidades e exigir muito de nós, porém precisamos resistir e não sermos engolidos pelas preocupações. Podemos ficar preocupados e "focar" nas equações, mas se "focarmos" tanto a ponto de esquecermos o somar, dividir, multiplicar, seremos incapazes de resolver uma equação.

Pessoas que se casaram devem incorporar o novo padrão de "casadas". Isso é importante, porém é tão importante quanto manter o que foi aprendido na fase anterior, a fase do namoro. Ao casarmos devemos acrescentar o novo *status*, somar, ao invés de mudar e abandonar o que já foi conquistado.

É importante olhar nos olhos, conversar, querer saber sobre o outro, seus projetos, emoções, "estar junto", ouvir realmente, compartilhar as emoções, sem esquecer, naturalmente, de beijar, mãos dadas...

Manter uma relação *amorosa* e o amor *romântico* é o objetivo da maioria das uniões e isso deve ser feito intencionalmente!

Cuidado, Atenção, Respeito

Descrevo como em uma caricatura, enfatizando os traços. Sei que você não age dessa forma extremada, mas a caricatura pode facilitar que você identifique os comportamentos que se aproximam desses extremos.

O mais frequente é que não tratemos nosso par com cuidado, nem com atenção e mesmo respeito. Frequentemente me dizem: "com um estranho ou alguém com quem tenho contato superficial, preciso ser mais cuidadoso; com meu par, como tenho mais intimidade, *posso ser* 'eu mesmo', relaxar". Pense nisso; avalie: você também acha que seu par não *merece* algum cuidado?

O homem não se ressente de dar uma olhada frequente nos pneus do carro e nem de semanalmente (se relaxar, quinzenalmente ou mensalmente) calibrar os pneus. Também vez ou outra olha o nível da água e do óleo. A atenção a isso e o cuidado de realizar essas tarefas não provocam emoções negativas (obrigação, repúdio).

A mulher (mãe) verifica com frequência a fralda do bebê, assim como fica atenta ao choro para identificar: É fome? Está molhado? Cólica? Dor de ouvido? Sim, com atenção e algum cuidado é possível identificar.

Invertendo as posições, o mais provável é que a mulher acabaria com um pneu vazio, no meio do seu trajeto, com um motor fundido ou a junta do cabeçote queimada, ou irritada por *ter que cumprir* essas obrigações.

O homem cuidando do bebê? Tabelinha de horários e raiva quando o bebê não as seguisse!

Sei, as diferenças já não são assim tão radicais. Uma coisa, porém, parece estar piorando: ambos, homem e mulher, estão com menor atenção e cuidado e respeito... com seu par. Eles sabem fazer... mas não fazem!

O que vemos frequentemente como itens que faltam no relacionamento dos pares que buscam terapia de casal são... respeito, atenção e, por trás dessas palavras, gentileza.

Não podemos ser gentis com quem amamos? Não, não podemos porque o outro nos nega aquilo que queremos dele: atenção. Fogo amigo, fogo cruzado, balas perdidas e... tempo, vida perdida.

Dedicar-se ao outro é o que nos dá prazer e também leva prazer ao outro, mas negamos essa dedicação e, em seu lugar, frequentemente competimos: *se não der o que quero, não dou o que quer!* O mundo nos ensina a competir e contabilizar ganhos. Não será dessa forma que alcançaremos a felicidade no relacionamento afetivo.

Sonhamos com alguém que nos perceba por inteiro, perceba, conheça e reconheça nossas emoções. Desejamos não um gesto isolado, mas a delicadeza como um modo de estar e de ser do outro (a metade escolhida) para conosco.

São muitos os mitos que fazem com que, especialmente os homens, aprendam desde pequenos a engolir lágrimas e a transformar as tristezas legítimas em pensamentos racionais. Esse mesmo homem, da nossa sociedade latina, frequentemente se vê confundido com frouxo, banana, quando se arrisca a ter a delicadeza, elegância, como modo de se relacionar. O homem considera então que "é preciso", ao invés de abraçar um amigo ou tocar em seu ombro em momentos emocionalmente intensos, dar-lhe um empurrão ou simular um soco em seu braço ou estômago. São poucos os homens que não se sentem pressionados a seguir rituais até brutalizados para assegurarem sua identidade masculina e não se sentirem ameaçados.

Soubessem os homens que sem delicadeza e elegância não há encanto, e sem encantamento não há prazer para a grande parte das mulheres, talvez pudessem praticar a delicadeza com convicção e operar verdadeiros milagres na mulher. Fosse dada aos homens a capacidade de ouvir verdadeiramente o que sua companheira pede e precisa ou ainda as conversas que as mulheres têm entre si, ao dizerem do que gostam e do que não gostam, provavelmente se sentiriam menos compelidos a repetir no relacionamento a dois o ringue estabelecido na luta pela sobrevivência e a busca em contabilizar ganhos.

Conseguissem as mulheres compreender que os homens muitas vezes se esforçam realmente para entendê-las (e não senti-las), não criticariam sua aridez e, ao invés disso iriam aos poucos ensinando-os (permitindo que acessassem seu mundo emocional). Se as mulheres atentassem para o fato de que o homem precisa provar que é *macho* tanto quanto uma mulher precisa mostrar-se bonita, talvez pudessem permitir que ele relaxasse um pouco nesse intento. Se as mulheres se posicionassem no século XXI e não quisessem mais a proteção integral de alguém FORTE...

É preciso aceitar que desejamos ser cuidados, que nos deem atenção, que nos tratem com respeito, carinho, gentileza. É preciso aceitar que desejamos que alguém se dedique a nós (e mais, naturalmente, que nos admire, confie em nós etc.). Ao aceitarmos isso, devemos então começar a oferecê-lo a quem amamos. Isso mesmo: começar a oferecer! Não adianta ficar choramingando que não recebe!

Vamos penetrar no nosso mundo emocional, olhar nosso par e *senti-lo*. Oferecer o melhor para que ele(a) se sinta amado(a). Nos entregar ao prazer de *sentir* (curtir) o outro. Deixar o mundo racional e competitivo ao entrarmos em nosso castelo, repleto de boas emoções: amor, segurança, cumplicidade.

Construindo Laços sem Nós

Mesmo que você se esforce e faça tudo para ser feliz, ainda assim a felicidade dependerá também do outro. Esse é o risco. Não tema, entregue-se, mas tome um cuidado: estabeleça com ele a seguinte cláusula no contrato desse relacionamento:

Vamos nos dedicar a sermos felizes juntos. Vou agir para que você se sinta amado(a) e você agirá de maneira a fazer com que eu me sinta amado(a).

Nosso relacionamento será amoroso e exercitaremos permanentemente o contato emocional positivo e a intimidade.

Por quê?

Vimos que todos temos necessidade de desenvolver um vínculo de afeto com alguém e construir um relacionamento utopicamente perfeito. Utopicamente porque a perfeição é inatingível... mas vamos nos aproximar dela!

Vimos também que evitamos e mesmo negamos nossa vida emocional ou ao menos sucumbimos ao nosso mundo racional e concreto.

Não há emoção, portanto também não há amor no âmbito racional. E, por isso, manter um relacionamento amoroso exige que exercitemos conscientemente a leveza e o acesso à emoção.

É comum aceitarmos que uma pessoa com problemas profissionais/financeiros fique mais distante do sexo. Sexo é leveza, descontração, brincadeira e também afeto e entrega, e isso não se consegue se estamos presos no mundo racional.

Se estivermos vivendo apenas em nosso mundo racional, o sexo será apenas descarga física!

Vimos ainda que todos somos um pouco egoístas e a vida nos exige a competição. Se não agirmos *intencionalmente* para construir um relacionamento de alta qualidade, é possível que acabemos em um relacionamento burocrático ou em eterna disputa.

Vimos que, se perguntarmos a alguém por que se casou, a resposta é que sua atitude (casar) foi uma *consequência* de algo do passado como "Nós nos amávamos" e não um *propósito* como "Queríamos perpetuar a nossa felicidade".

Quando se pergunta a alguém por que foi à Disney, a resposta nunca é uma *consequência* como "Eu estava em férias" ou "Eu tinha dinheiro", e sim um *propósito* como "Eu sempre quis conhecer a Disney".

Fazemos isso porque não entendemos que precisamos ter um *propósito* para o nosso casamento nem que, como para ir à Disney, precisamos ter *atitudes*, tomar iniciativas para que aquilo aconteça (ter tempo, dinheiro, comprar um pacote ou reservar hotel etc.).

No casamento também precisamos:

a) Saber para onde queremos ir: qual a qualidade de relacionamento queremos; e

b) Ter *atitudes*, tomar iniciativas *que nos levem para lá*!

Para escolhermos qual qualidade de relacionamento queremos, vamos considerar que entre a infinidade de alternativas temos:

1. Em um extremo, o relacionamento ácido – aquele

que corrói e dói. Ninguém o escolhe, mas quantos casais vivem nele!

2. No centro, o relacionamento burocrático ou convencional: educado, politicamente correto. Pode não ser insalubre, mas é insosso. Um número *muito grande* de casais o experimenta e uma boa parte permanece nele.

3. E, no outro extremo, o relacionamento amoroso. É assim que nasce a imensa maioria dos relacionamentos: amoroso (apaixonado). E essa forma é a que permite mais facilidade na resolução das dificuldades, maior prazer porque mantém o cuidado, respeito, gentileza, comprometimento, parceria (acrescente as palavras que descrevem, *para você*, um relacionamento saboroso e nutriente). Ele nasce assim e dizemos que ele se desgasta com o tempo. Não. Ele não "se desgasta". Nós é que o deixamos escapar por entre nossos dedos ao deixarmos ao acaso o seu caminhar (ou ao nos acomodarmos em apenas receber, já que pode nos parecer muito mais confortável apenas receber sem precisar dar nada em troca).

Você precisa *escolher* a qualidade que você quer *para a sua vida*. Qual você quer? Saber para onde você quer ir é fundamental para agir *consciente e intencionalmente* nessa direção. Se não fizer isso, provavelmente seu relacionamento se encaminhará para o número 2 acima e talvez, depois, para o 1, porque você não estará *fazendo nada* para evitar isso. Sugiro que você escolha o 3 pelos motivos que descrevi.

Pessoas com maior dificuldade em se entregar, as que temem ou desconhecem o seu mundo emocional, as que se julgam menos competente que seu par, costumam dizer que não gostam de um relacionamento *grudento e pegajoso* e, nesse caso, será necessário entender isso, resolver isso, despir-se da armadura antes de se propor a assumir essa empreitada (consulte um psicólogo!) ou, como acontece com certa frequência, contentar-se com um relacionamento convencional (ou conveniente).

Sim, é possível, há inúmeros casais vivendo assim.

Nesta altura você já deve ter percebido que a "fórmula mágica" é simples – *integrar os seus recursos: a razão **E** a emoção e manter o contato emocional positivo e a intimidade.*

1. Trate seu par com muito amor (comporte-se amorosamente), com atenção, cuidado, gentileza, respeito, carinho, com o objetivo de fazê-lo sentir-se amado. Em um casal, a principal tarefa de cada um é fazer o outro sentir-se amado.

2. Não deixe de namorar. *Não deixe de namorar!* Namorar é o jeito mais fácil (que já conhecemos) de manter o contato emocional **positivo** e a intimidade!

   Observe que as pessoas que dizem que o "namorar" foi em outra fase da vida, que é coisa de adolescente, têm um casamento insatisfatório. Namorar é, sim, infantil e adolescente, porque "namorar" é vivenciar emoções e nós, "adultos", tememos as emoções.

   Sentir-se bem, estar feliz, são possibilidades do mundo emocional e NUNCA do racional. Só saímos da burocracia do casamento se vivenciarmos a emoção, e o namoro é a forma que já conhecemos de conseguir isso. Não deixe de beijar apaixonadamente. Não deixe de olhar nos olhos (reafirmando a aliança entre vocês dois). Namore todos os dias, ao menos 5 minutos. O ideal depende de cada casal, mas eu recomendo: de 20 minutos a meia hora por dia, sendo que em um ou mais dias na semana esse tempo deve ser de, no mínimo, 2 horas.

Por permitir acessar seu mundo emocional e expressar o amor, namorar é a forma de reafirmar a aliança, o compromisso que ambos estabeleceram. É, ao olhar nos olhos do "outro", fazê-lo sentir que tudo está bem, que se gostam e que *ele está sendo escolhido novamente nesse momento*. É reassumir e fortalecer esse compromisso.

Namorar não é fazer sexo. O sexo pode acontecer como decorrência do namoro e, por isso, muitas mulheres evitam namorar porque temem que isso leve ao sexo e muitos homens evitam namorar porque a mulher "só quer isso" e não sexo.

Conversem, esclareçam, conheçam-se mais e entrem em um acordo! É preciso reafirmar e fortalecer o vínculo com muita frequência e namorar é a forma que todos conhecem de fazer isso e, sim, permitir que isso termine em sexo muitas vezes (muitas, de preferência).

Dizer que o homem não quer um relacionamento

amoroso, que ele não gosta de namorar, de carinho, é uma falácia; é o mesmo que dizer que mulher não gosta de sexo. Mentiras. O homem que está inteiro gosta de namorar, de carinho, cumplicidade, gentileza, harmonia, da mesma forma que a mulher que está inteira gosta de namorar, de carinho, cumplicidade, gentileza, harmonia e sexo.

Reafirme a aliança diariamente ou precisarão brigar para que possam reafirmar a aliança em uma reconciliação!

3. *Informe*, diga o que você não quer, o que não gosta, mas diga também o que você quer, o que você gosta *sem cobrar*. O outro precisa saber o que você quer e cabe a ele *decidir* se é capaz de te oferecer o que você precisa. Você pode e deve desejar que o outro te ofereça, mas é ele que escolhe te oferecer.

Se não for assim, não será satisfatório para nenhum dos dois, pois você não se sentirá amada(o), já que o outro faz para não ser cobrado e ele também não se sentirá amado, uma vez que sente que suas atitudes não são suficientes para atendê-la(o).

4. Convide seu par para uma conversa *séria* uma ou duas vezes por semana quando for muito necessário. Nessa conversa, conte o que te incomodou nos últimos dias, o que não está bem no relacionamento. Converse, compartilhe seu sentimento, mas nunca *despeje* suas emoções negativas!

Converse amorosamente compartilhando um problema que é de ambos (o relacionamento) e buscando uma solução a dois.

5. Nunca aceite o "ele(a) me ama do jeito dele(a)". Essa frase só tenta esconder o fato de que não está havendo a expressão do amor e que há o sentimento. Não. "Amar" só não basta! O sentimento ninguém vê nem sente.

O amor que não se expressa não existe.

– Maria ama José e nunca disse nem nunca deixou que notassem.

– Jorge está trabalhando o tempo todo e quando está em casa está nas nuvens ou irritado. Quando Mariana diz que Jorge não a ama, ele diz: "tudo o que eu faço (trabalhar) é para você".

Nada disso serve. Imagine que a partir de amanhã o Sol continuará enviando para a Terra luz e calor, porém toda essa luz e calor serão absorvidos por Vênus e Mercúrio. Se isso acontecesse, o que aconteceria aqui na Terra? A vida se extinguiria!

– Mas por quê, se o Sol continua a ter luz e calor?

Porque a Terra não está recebendo luz e calor! Assim como a luz e o calor para a Terra, nós, seres humanos, precisamos receber o amor de alguém e esse amor precisa ser explícito, explicitado!

6. Não se contente com pouco, e isso não quer dizer que

você deva viver em guerra. Não critique, não acuse, não despeje sua raiva em quem você ama. Converse e tente construir a quatro mãos. Tente, insista.

Depois de esgotar todas as possibilidades e sentindo que não há resposta satisfatória, que não há mais o compromisso do outro, o seu compromisso já está sozinho e, por isso, desfeito.

7. As emoções flutuam (ou, racionalmente, formam uma senoide), não são lineares. Aceite que em um dia você poderá não estar muito bem, mas que no dia seguinte tudo voltará ao normal. Aceite que seu par, em determinado dia, esteja mais "racional" e que depois voltará a se entregar.

Dizem que o casamento é o fim do amor. A união de duas pessoas formando um par, um casal, no casamento ou no "morar juntos", não precisa ser o fim do amor.

O casamento não deve ser o "fim" do amor no sentido de finalidade, objetivo. O casamento deve ter um propósito: a continuação do amor, a ampliação dos benefícios que ele traz (felicidade, harmonia, parceria, apoio, aconchego, família etc.).

Também não deve ser o "fim" do amor no sentido de encerramento ou término do "comportamento amoroso". A grande maioria dos casamentos permite que o comportamento amoroso termine depois de 2 ou 3 anos. Quando a expressão amorosa é encerrada, o casamento torna-se burocrático ou insípido. Quando apenas um expressa o amor, o relacionamento só será bom para um dos componentes do casal. Não deixe isso acontecer.

Seja Feliz!

Ass.: *Carlos Messa*

Outras Obras do Autor

- *Trabalho: Direito do Homem ou Dever Social?* – coautor - 1972
- *A Máscara da Serenidade* – coautor – Speculum – 1984
- *Domine Suas Notas* – infantil – ArmaZen – 1992
- *Que Herói é Você?* – infantil – ArmaZen – 1992
- *Des-Envolver* – Itamaraty – 1993
- *Viver é Mais* – Imprimax – 1994
- *Árvore Genealógica – Raízes e Frutos* – monografia – 1994
- *Iluminação Ocidental* – Itamaraty – 1995
- *O Patife* - e-book – 2000
- *O Poder dos Pais no Desenvolvimento Emocional e Cognitivo dos Filhos* – Ssua Editora – 2009

Para mais informações e contato com o autor:
www.vinculum.com.br
carlos@vinculum.com.br